农地权能禀赋影响农民收入的机制和路径研究

李 帆◎著

中国财经出版传媒集团

经济科学出版社
Economic Science Press

·北 京·

图书在版编目（CIP）数据

农地权能禀赋影响农民收入的机制和路径研究/李
帆著．－－北京：经济科学出版社，2023.9
ISBN 978－7－5218－4930－1

Ⅰ．①农…　Ⅱ．①李…　Ⅲ．①农地制度－影响－农民
收入－研究－中国　Ⅳ．①F323.8

中国国家版本馆 CIP 数据核字（2023）第 127775 号

责任编辑：周国强
责任校对：刘　娅
责任印制：张佳裕

农地权能禀赋影响农民收入的机制和路径研究

李　帆　著

经济科学出版社出版、发行　新华书店经销
社址：北京市海淀区阜成路甲 28 号　邮编：100142
总编部电话：010－88191217　发行部电话：010－88191522
网址：www. esp. com. cn
电子邮箱：esp@ esp. com. cn
天猫网店：经济科学出版社旗舰店
网址：http://jjkxcbs. tmall. com
固安华明印业有限公司印装
710×1000　16 开　14 印张　220000 字
2023 年 9 月第 1 版　2023 年 9 月第 1 次印刷
ISBN 978－7－5218－4930－1　定价：82.00 元
（图书出现印装问题，本社负责调换。电话：010－88191545）
（版权所有　侵权必究　打击盗版　举报热线：010－88191661
QQ：2242791300　营销中心电话：010－88191537
电子邮箱：dbts@ esp. com. cn）

党的十八届三中全会以后，"赋予农民更多财产权利"成为各界共识。《完善农村土地所有权承包权经营权分置办法的意见》从政策上明确了"落实集体所有权，稳定农户承包权，放活土地经营权"的三权分置格局。党的十九大报告中提出乡村振兴战略，进一步阐明"三权分置"制度的重要意义。一系列有关农村土地制度的政策颁布，确认了农地产权安排对拓宽农民的劳动收入和财产性收入渠道的重要作用。

不过，家庭联产承包责任制下的农地权能禀赋并不完善。农地所有权不能自发派生出其他权能，农地使用权通过农户承包的方式产生，即承包经营权。20世纪90年代中后期，农地由"两权分离"进入到"三权分置"时期。承包经营权派生出经营权，所有权归属集体，集体内的农户拥有承包权和经营权，经营权可流转。"三权分置"格局下，所有权的权能非完整的处分权，仅包括发包权、调整权、收回权和监督权；承包权的权能也非完整的用益物权，包括为占有权、部分收益权、继承权和退出权；经营权的权能超越使用权，包括使用权、部分收益权和部分处分权。

农地权能禀赋变动对农民收入的影响非常复杂，对这方面做系统研究显得十分必要。本书以农地权能禀赋为基础，试图寻找农地权能禀赋影响农民收入的理论机制和经验路径。把农地权能禀赋与农地产权认知、农户行为和农民收入联结在一起，不仅从新的视角为农地制度改革和完善提供理论依据和实证证据，而且为政府制定"赋予农民更多财产性权利""乡村振兴政策"

提供有益的政策建议。

本书的研究内容和结果简述如下。

研究内容一：重要概念界定、基础理论和农地制度演化历程。

这一部分旨在厘清土地产权禀赋的内涵、构成与表征等，构建农地权能禀赋理论，描述历次土地制度改革下农地权能禀赋的演化路径，总结现行农地制度的产权特征。在家庭联产承包责任制的农地制度安排下，用益物权和自物权主体分离，农地权能禀赋天生出现两个问题：一是担保物权权能残缺，二是处分权和收益权分离。权能残缺、权力主体不清是当前农地纠纷不断、农民利益受侵害的根源，只能由法律和政策逐步弥补。

研究内容二：理论分析框架构建。

这一部分依据农地权能禀赋理论，借鉴农户行为理论，构建土地流转影响农地经营效率的理论路径和农地产权认知影响农民收入的理论路径，提出假说，以备实证检验。与已有的分析框架相比，本书将农地权能禀赋、农地产权认知、农户行为和农民收入这条从产权到收入的逻辑链条打通，有助于弥补产权制度与新古典经济学交叉研究不足的局限性。

研究内容三：土地流转与农地经营效率。

这一部分用微观农户数据测算农地经营效率，依次检验土地流转、土地转出和土地转入与农地经营效率的关系。农地经营效率的测算结果表明，效率改进空间非常大。土地流转与农地经营效率的实证结果表明，土地流转没有显著改进农地经营的总效率和规模效率，具有负效应。在土地转出上，高能力农户在非农生产上具比较优势，倾向于转出土地，将劳动力投入收益更高的非农劳动中。在土地转入上，转入户倾向于投放现代化设施，有助于改进专业化效率和总效率。

研究内容四：农地产权认知与农民收入的实证分析。

这一部分用微观农户数据，依次检验土地配置、劳动力配置和土地劳动力配置影响下，农地产权认知影响农民收入的路径。本书的实证结果表明，该路径是一条劳动力配置影响土地调节效应的路径。其中，土地配置起调节作用，它与产权认知对农民收入的交互影响受到劳动力配置的影响作用。这说明农地产权认知对农民收入产生显著影响，产权认知正确不仅直接提升农民收入，而且通过土地流转和劳动力转移间接提升农民收入，土地流转对不同产权认知人群的影响受到劳动力转移的中介。研究结论对于乡村振兴政策实施具有重要的理论意义，提高农地权能禀赋、引导农户正确认识农地权能归属，产生"三个有利于"的积极影响：有利于直接提高农民收入；有利于引导经营权有序流转，间接提高农民收入；有利于促进劳动力非农转移，间接提高农民收入。研究结论还表明，引导经营权有序流转政策必须与促进劳动力非农转移政策有序衔接。

目　录

1.1 背景与意义

1.1.1 问题提出

党的十八届三中全会以后,"赋予农民更多财产权利"成为各界共识。《完善农村土地所有权承包权经营权分置办法的意见》颁布,"落实集体所有权,稳定农户承包权,放活土地经营权"的三权分置格局成型。党的十九大报告中提出乡村振兴战略,进一步阐明承包地三权分置制度改革的重要意义。一系列有关农村土地制度的政策颁布,确认了农地产权安排对拓宽农民的劳动收入和财产性收入渠道的重要作用。

在中国农村土地家庭联产承包责任制下,农地所有权不能自发派生出其他权能,农地使用权通过农户承包的方式产生,即承包经营权。国家对农村社会经济活动集中控制弱化,同时农村社区与农户所有权愈发成长(周其仁,1995),形成了家庭联产承包责任制。以"联产承包形式"对土地的使用权和收益权在家庭和集体之间进行重新配置(黄少安,2010),对农地权能完善起了积极作用，推动了农村经济的快速增长。不过，这仅是一种浅层次的土地经营模式改革，农村土地集体所有制不是共有产权，不是私人产权，也不是国家所有权，它是"由国家控制但由集体来承受其控制结果的一种农村产权制度安排"（周其仁，2004），这就造成了土地承包经营权在产权意义上的不明晰，形成巴泽尔（1997）意义上的土地产权公共域（public domain）。

20 世纪 90 年代以后，农村就出现了土地"三权分置"现象。由承包经营权派生出经营权，所有权归属集体，集体内的农户拥有承包权和经营权，经营权可流转。为了引导经营权有序流转，承包经营权确权工作于 2009 年试点，2018 年全面结束。承包经营权属用益物权，其担保物权的权能天然残缺。于是，2014 年 30 个省（区、市）开始试点经营权抵押贷款，2016 年颁布试点暂行办法。2020 年《民法典物权编》已删除原草案第十七章"抵押权"中关于耕地不得抵押的规定，赋予了经营权抵押权能，一定程度上弥补了承包经营权的权能残缺。

大量研究表明农地产权制度安排和土地权能结构不完善会直接侵害农民利益，对农村经济产生负面影响。在早期政策施行中，可否继承、承包期限等问题随意性大，承包权的流转没有明确的实施细则，导致承包经营权存在很强的不确定性（姚洋，1998；叶剑平等，2010）。即使农民承包地已经出现了"只入不出"的现象，但城郊土地仍存在很大的被征风险，权利标的仍然是不稳定的。承包经营权和权利标的不稳定，降低了土地流转意愿和需求，阻碍了土地流转市场的发育和农户生产经营规模的扩大（钱忠好，2002；田传浩等，2004），降低要素配置效率（Li et al.，1998），也降低了农户长期生产性投入的积极性（姚洋，1998）。抵押制度不完善阻碍了土地成为抵押品的可能性（刘红梅等，2000；叶剑平等，2007）。当然，也有学者认为地权不稳定性对农业生产的负面影响没有那么大（Kung，1995，2000；钟甫宁等，2011）。

以上研究明确了当前的农地产权制度安排和土地权能结构不完善对农民利益的损害和对农村经济可能产生的负面影响。农地权能禀赋影响农地产权认知，产权认知影响和激励农户行为选择，影响农民收入。可见，农地权能禀赋变动对农民收入的影响非常复杂，因此对这方面做系统研究就显得十分必要，这关系到深化土地制度改革的理论基础和政策抉择，是一个重要的现实问题。本书以农地权能禀赋为基础，研究农地权能禀赋影响农民收入的机制和路径，为完善农村土地制度和促进农村生产要素合理配置提供政策依据。

1.1.2　研究意义

本书的学术价值在于，在深入分析农地权能禀赋影响农民收入的作用机制的基础上，从微观视角出发，考察农地产权认知影响农民收入的路径，弥补了现有研究单纯考虑农地产权制度对农业效率的影响而忽视产权认知对农民收入的影响等方面的不足。本书从微观视角出发，考察不同土地流转行为对农地经营效率的影响，丰富了农户行为理论的相关研究。本书有助于深化和拓展中国农村经济问题研究的理论和方法。另外，本书将农地权能禀赋、农地产权认知、农户行为和农民收入这条从产权到收入的逻辑链条贯穿研究，也有助于弥补产权制度与新古典经济学交叉研究不足。

本书的应用价值在于，从微观行为视角出发，探讨农地权能禀赋影响农民收入的机制和路径，有助于从宏观层面为政府制定"赋予农民更多财产性权利""乡村振兴"政策提供有益的参考。

1.2　目标与内容

1.2.1　研究目标

研究总目标是寻找农地权能禀赋影响农民收入的理论机制和经验路径。土地是农户重要的家庭财产，也是农业重要的生产要素。农地权能禀赋影响农户的要素配置行为，继而影响农民收入。那么，这种农地权能禀赋影响农民收入的理论机制和经验路径究竟如何呢？总目标被分解为以下四个分目标。

目标一：农地权能结构及现行农地制度下的产权禀赋。本书从农地权能禀赋理论出发，论述了"三权分置"格局下的农地权能禀赋及归属；总结家庭联产承包责任制下的农地权能禀赋变迁，提出现行农地制度的产权特征。

目标二：构建农地权能禀赋影响农民收入的理论机制。通过理论分析，考察农地权能禀赋如何通过农户行为影响农民收入。

目标三：实证检验土地流转与农地经营效率的关系，即本书的子路径。通过倾向得分匹配模型检验，寻找不同土地流转行为对农地经营效率的影响，寻找引导经营权流转的经验证据。

目标四：实证检验农地产权认知通过农户行为影响农民收入的路径，即本书的主路径。通过中介模型和调节模型检验，寻找土地流转与劳动力转移在主路径中的作用。

1.2.2 研究内容

针对农地权能禀赋影响农民收入的机制与路径研究，本书从以下四个方面展开研究。

内容一：重要概念界定、基础理论和农地制度演化历程。厘清土地产权禀赋的内涵、构成与表征等，提出农地权能禀赋理论，描述历次土地制度改革下农地权能禀赋的演化路径，总结现行农地制度的产权特征。

内容二：理论分析框架构建。依据农地权能禀赋理论，借鉴农户行为理论，构建土地流转影响农地经营效率的理论路径（子路径）和农地产权认知影响农民收入的理论路径（主路径），提出假说，以备实证检验。

内容三：土地流转与农地经营效率的实证分析。用微观农户调查数据测算农地经营效率，依次检验土地流转、土地转出和土地转入与农地经营效率的关系。重点说明农户土地要素配置行为与农地经营效率的关系。

内容四：农地产权认知与农民收入的实证分析。用微观农户调查数据，依次检验土地配置、劳动力配置和土地劳动力配置影响下，农地产权认知影响农民收入的路径。重点说明土地配置和劳动力配置在这条路径中起中介作用还是调节作用。

1.3 方法与数据

1.3.1 研究方法

本书整体上采用理论分析与实证检验相结合的研究方法。

（1）文献分析：梳理国内外相关历史文献和政策文件，厘清我国农地权能禀赋的演化逻辑关系。

（2）归纳研究和演绎研究：提出农地权能禀赋理论，借鉴农户行为理论，构建农地权能禀赋影响农民收入的理论机制。

（3）实证研究：基于微观农户调查数据，测算农地经营效率，检验农户土地要素配置行为与农地经营效率的关系，检验农地产权认知影响农民收入的经验路径。

1.3.2 研究数据

本书统计分析中的宏观证据使用二手数据，统计和实证的微观证据使用一手数据。为获得一手数据，本书课题组于 2015 年 12 月～2016 年 6 月在云南省农村开展了以村庄和农户为对象的田野调查。课题组设计了两套调查问卷（见本书附录 1 和附录 2），用于收集村庄和农户方面的信息。调查组进村入户后，培训合格的调查员以问卷为提纲对村干部和农民进行访谈，并将信息数据记录在调查问卷上。调查结束后，问卷经检查、核对无误后统一录入数据库。二手数据来自历年《中国统计年鉴》《云南统计年鉴》《中国农村统计年鉴》，以及公开系统获取。统计年鉴来自中国知网年鉴数据库。

1.4 路线与结构

1.4.1 技术路线

本书研究遵循图 1 - 1 所示的技术路线逐步开展理论分析和实证检验。

（1）理论分析。首先进行概念界定、文献回顾和理论构建；描述农地产权制度的变革历程，总结家庭联产承包责任制下的农地权能禀赋变迁，总结现行农地产权制度的禀赋特征。基于理论基础和实践基础，构建理论分析框架，对农地权能禀赋影响农民收入的机制和路径进行理论分析，提出研究假说。

（2）实证检验。首先介绍数据来源，分析农户特征、农地情况、农地权属、产权认知和农民收入。在第 6 章农地经营效率测算中，基于规模报酬可变的技术条件，用 DEA 方法测算调查农户的农地经营效率。在第 7 章检验土地要素配置行为与农地经营效率的关系中，用倾向得分匹配方法测算不同土地配置行为对农地经营效率的影响。在第 8 章农地产权认知影响农民收入的检验中，用中介效应和调节效应模型找寻农地产权认知影响农民收入的经验路径。

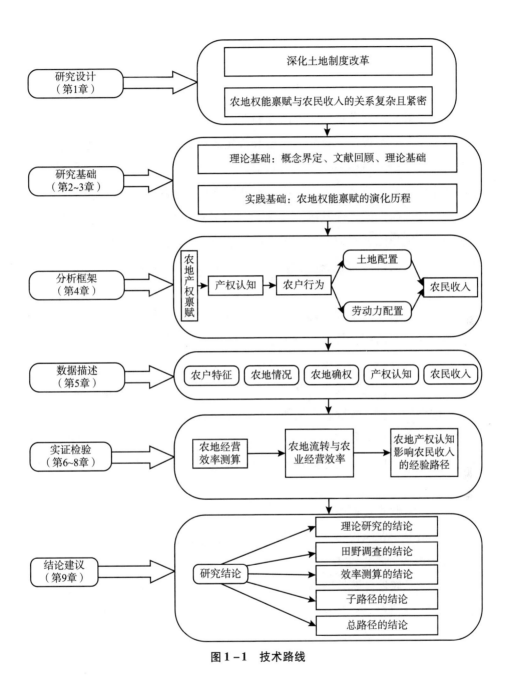

图 1－1　技术路线

1.4.2 文章结构

本书一共 9 章。各章的主要内容如下。

第 1 章是研究设计。首先，提出和界定本书研究的问题，阐述选题背景和意义，制定研究目标和研究内容；其次，介绍研究使用的方法、数据、遵循的技术路线和各章主要内容；最后，分析研究的创新和存在的不足。

第 2 章是研究的理论基础。首先，对本书研究的核心概念产权、农地产权、农地权能禀赋、农地产权认知进行界定，阐明它们的内涵和外延；其次，从农地产权、农户行为、农民收入三个方面对现有文献进行评述；最后，提出农地权能禀赋理论。

第 3 章是研究的实践基础。首先，分四个阶段回顾了新中国成立后农地产权制度的演变历程；其次，分析了家庭联产承包责任制下的农地权能变迁；最后，总结了现行农地产权制度的特征。

第 4 章是分析框架构建。首先，根据理论基础研究农地权能禀赋影响农民收入的作用机制；其次，根据作用机制寻找农地权能禀赋影响农民收入的路径，提出主路径的研究假说；再其次，提出农户土地配置行为影响农地经营效率的路径，提出子路径的研究假说；最后，寻找影响农户收入的其他相关因素，为实证检验引入协变量提供理论基础。

第 5 章是调研数据描述。介绍田野调查的基本情况，利用数据对农户特征、农地情况、农地权属、产权认知和农户收入进行描述性统计分析，为第 6～8 章的深入分析做准备。

第 6 章是农地经营效率测算。首先，介绍生产效率和生产效率的测算方法；其次，介绍农地经营效率的 DEA 研究和 SFA 研究情况，提出本书的测算方法；接着介绍变量的选取和处理过程；最后，测算农地的总效率、专业化效率和规模效率，分地区和分生产规模查看了农地经营效率。

第 7 章是土地流转与农地经营效率（子路径）。首先，介绍全国、云南省和调研地区的农地流转情况；其次，介绍本章的研究设计；最后，分农地是否流动、农地是否流出、农地是否流入验证农户的土地流转行为与农地经营效率的关系。

第 8 章是农地产权认知影响农民收入的路径验证（主路径）。首先，介绍本章的模型、方法和变量；其次，验证农地产权认知影响农民收入的总体效应；再其次，验证土地配置行为在主路径中的中介作用和调节作用；然后，验证劳动力配置行为主路径中的中介作用和调节作用；最后，验证劳动力和土地配置两种行为在主路径中的作用。

第 9 章是结论和政策建议。对本书研究结论进行总结和阐述，回答第 1 章提出的问题，根据研究结论提出政策建议。

1.5　创新与不足

1.5.1　研究创新

与研究农地产权的同类文献相比，本书可能在以下两个方面存在创新。

（1）研究农地权能禀赋对农民经济行为的影响，探讨产权认知对农民收入的影响机制，有助于弥补产权制度与新古典经济学交叉研究不足，研究视角较为新颖。

（2）以提高农民收入为落脚点，研究农地权能禀赋影响农民收入的作用机理，构建农地权能禀赋影响农民收入的理论框架，提出子路径和主路径的研究假设，进行实证检验，研究内容也较为新颖。

1.5.2　研究不足

受笔者研究水平、时间和精力所限，本书在以下几个方面存在不足。

（1）部分理论路径未得到经验证据支持。理论模型上，得出农地权能禀赋影响农地产权认知，继而影响农户行为，最终影响农民收入的路径。但受截面数据影响，无法捕捉单个年份里农地权能禀赋的变化，农地权能禀赋与农地产权认知之间的经验路径没有得到证明。仅验证了农地产权认知通过农户行为影响农民收入这条主路径。

（2）经验路径仅有截面数据结论。经验路径如果能够得到持续追踪数据支持，将更加可信。由于缺乏持续追踪数据，用宏观变量表明权能禀赋改进的想法也只能放弃。

（3）缺乏对农户以外其他经营主体的产权认知与收入分析。在农地流转市场日益开放的情况下，除了农户外，农业公司和土地合作社也积极参与农地流转和种植业经营。不过，田野调研未获得足够的其他经营主体样本，它们的分析未能纳入本书研究中。

（4）经验路径仅得到云南省的数据支持。受资金和时间约束，入户调研仅在云南省开展。如果本书能够得到其他地区的微观数据支持，其结论将更加可靠。

第 2 章

概念界定、文献回顾和理论基础

本章包含三部分内容，第一，对本书使用的核心概念进行界定，明确其内涵和外延；第二，对现有文献进行回顾和评述；第三，提出农地权能禀赋理论。

2.1 概念界定

2.1.1 产权

党的十八届三中全会《关于全面深化改革若干重大问题的决定》做出重要论断：产权是所有制的核心。产权的四大权能包括占有权、使用权、收益权和处分权，具有独立性、排他性、可分割性和可让渡性。第一，独立性表明四大权能边界清晰，相互独立，这是产权可让渡的基础；第二，排他性表明权能的拥有者是确定的，特定权能的主体是唯一的；第三，可分割性表明具体权能可细分，例如，处分权可以细分为出让、出租、转让、转租、抵押、担保、继承、买卖等权能；第四，可让渡性表明产权是可交易的，交易的本质就是产权在不同主体间的转移。明确的产权制度和明晰的权能界定决定了资源配置的效率。

在社会发展的早期，所有权和所有权主体是合一的，所有者与财产的关系表现为自有、自用和自益。随着经济社会的发展，产权的具体权能逐渐与所有人发生分离。由于产权权能具有独立性，所有人可基于自身意志和利益将其财产的部分支配权能交由他人行使。对所有者来说，权能分离不会导致所有权丧失，通过其他支配权和所有权的请求权仍可保护所有人利益不受损。不仅如此，权能还具有弹性，出让、转让、抵押、担保等细分权能可以与所有人全部或者部分分离，只要没有发生所有权消灭的法律事实（如转让、买卖、所有物灭失等），所有人就保有财产支配权。权能分立不会导致所有权消灭。

经济学中的委托代理问题就源自所有权和所有人分离。以国有企业为例，国有企业财产属国家所有，由国务院代表国家行使企业财产的所有权，国务院国有资产监督管理委员会和省级、地市级政府的国有资产管理机构分别代表国家履行出资人职责，国有企业作为独立享有民事权利和承担民事义务的企业法人，则享有充分的、不可侵犯的经营权。国有企业所有权和经营权分离的事实，并不导致国家丧失其对企业财产的所有权。

2.1.2　农地产权

产权的权能特点，意味着在"坚持公有制主体地位""坚持农村土地集体所有权"前提下，农村土地的占有权、使用权、收益权和处分权可以部分地让渡给集体成员或其他外部成员。依照让渡程度和方式的不同，可以有多重土地产权制度安排，从而使得推进农村土地产权制度改革成为可能，也使得探索更有效率的土地产权制度组织形式和实现方式成为可能。改革农村土地产权制度，不是要改变农村土地的集体所有制，而是要选择一种更有效率的制度安排形式，把农村土地的占有权、使用权、收益权和处分权等各项实际财产权利界定清楚，将它们可分割和可让渡的边界界定清楚。

农村土地产权指的是在一定的农村社区边界内，由集体成员组成的经济组织，按照现行的产权制度对农村土地配置中形成的各种权利组合。农村集体土地是指农村和城市郊区中，除"法律规定属于国家所有的"以外全部土地①，即包括建设用地、农用地和未利用地，还包括宅基地、自留地和自留山，范围比较广泛，不同性质土地的权能不一样。因而，本书仅讨论集体所有农用地中的耕地和园地，即为本书所指"农地"。从所有权归属来看，本书所指农地不包括国有农用地。从农业生产角度来看，本书所指农地不包括林地和牧草地。与国土资源部 2017 年界定的范围相比，本书所指农地不包括耕地周围的沟、渠、路和地坎②。本书中的农地产权即为集体所有耕地和园地的产权制度安排，包括耕地和园地的所有权、依法以家庭承包方式承包的耕地和园地承包权、农户承包耕地和园地的经营权以及他项权利。

2.1.3　农地权能禀赋

在讨论农地权能禀赋之前，需要厘清产权权能。对产权的理解，众多的马克思主义者、中国的社会主义经济理论者和西方的产权经济学家们大多从"排他性收益权利"的角度进行，讨论产权对收益分配公平与否的重要性，讨论产权的经济激励作用。其实，财产的任何权利都由权能和利益两个方面构成，产权权能的行使是获取利益的必要条件，有权才有利（梅继霞、李伟，2005）。只有界定清楚产权权能，结合伴随权能行使的收益，才能构成完整的产权内容。任何具体的产权项目，都可以将权利分离为所有权、占有权、

---

① 《中华人民共和国宪法》第十条规定"农村和城市郊区的土地，除由法律规定属于国家所有的以外，属于集体所有；宅基地和自留地、自留山，也属于集体所有。"

② 国土资源部组织修订的国家标准《土地利用现状分类》（GB/T 21010—2017）规定：耕地是指种植农作物的土地，包括熟地，新开发、复垦、整理地，休闲地（含轮歇地、休耕地）；以种植农作物（含蔬菜）为主，间有零星果树、桑树或其他树木的土地；平均每年能保证收获一季的已垦滩地和海涂。耕地中包括南方宽度 <1.0 米、北方宽度 <2.0 米固定的沟、渠、路和地坎（埂）；临时种植药材、草皮、花卉、苗木等的耕地，临时种植果树、茶树和林木且耕作层未破坏的耕地，以及其他临时改变用途的耕地。园地指种植以采集果、叶、根、茎、汁等为主的集约经营的多年生木本和草本作物，覆盖度大于 50% 或每亩株苗数大于合理株数 70% 的土地，包括用于育苗的土地。

支配权和使用权，但迄今为止的产权理论尚未确定产权到底有哪些，有多少具体的权项（黄少安，2004）。

农地产权各权项的分离与组合构成了农地不同的权能禀赋。厘清权能禀赋关键在于确定权能主体的权益边界。所谓权能禀赋是指一定考查范围内，产权权利束分解出的各项权利组合形式及细分产权主体的构成状况。因此，农地的权能禀赋就是指农地的所有权、使用权、经营权及他项权利及其衍生权利的组合，以及在各主体间的安排。一般来说，产权权利束的分解是随着社会分工的发展而不断变化的。社会分工越发达，产权权利束的分解就越细致；产权权利分解得越细，权利项就越多，禀赋配置就越复杂。不同的产权项，可以合于一个主体，也可以分离，分离又有不同的分离方式，每一种不同的分离方式就形成一种禀赋配置。因此，农地产权的权能禀赋是随着社会的发展而不断变化的。

2.1.4　农地产权认知

农户对农地权能禀赋结构及其归属的认识情况构成了农户的农地产权认知。农地产权认知会影响农户的资源配置意愿和配置行为，直接决定了农地产权制度和农村土地制度的有效性和实施效率。

以农地流转政策为例，如果农户对农地所有权和使用权的认识偏离了法律规定，可能导致流转后农地置于他用；如果农户对使用权、经营权及他项权利的归属认知偏离了现行产权制度安排，可能导致对流转租金的心理预期与实际不符，影响农地有序流转。总之，农户对农地权利的认知如果与制度安排和实际不相符合，农地的价值预期就无法在收入上得到体现，影响制度的有效实施和实施效率，甚至可能反对这种制度安排（钱忠好等，2007）。

2.2 文献回顾

2.2.1 农地产权

2.2.1.1 产权

何谓产权,产权应该包含哪些范畴? 马克思在 150 多年前就提出了完整的产权理论(平乔维奇,1988),在详细描述长期变迁的各种现存理论中,马克思的分析框架最有说服力(诺思,2003)。马克思对产权和所有制作了区分,产权是关于财产归属的法律范畴,而所有制是关于生产资料归属的经济范畴(杨继国、黄文义,2017)。所有制体现了人们在生产资料方面所结成的经济关系,是生产关系的核心。生产资料所有制反映了生产和再生产过程中人与人之间在生产资料占有方面的经济关系,体现于生产、分配、交换和消费四个环节中的一切经济关系。

在马克思产权理论中,产权包括与财产有关的各种法定权利,包含所有权、占有权、使用权、支配权、经营权、索取权、继承权和不可侵犯权等一系列权利,这些权利既可统一又可分离。所有权仅仅是权能禀赋中的一种,它对其他权利起决定性作用。如果所有权能统一于同一主体,那么拥有所有权就意味着拥有产权。马克思将所有制分为狭义和广义两种。狭义所有制指对资产的排他性占有。广义所有制指人们在生产、分配、交换、消费等过程中体现的社会生产关系。与此相对应,马克思也将所有权分为狭义和广义两种,狭义所有权是作为广义所有权权能体系的一个组成部分而存在,广义的所有权范畴除包括静态刻画财产隶属关系外,还是一个融占有权、支配权、使用权于一体,并随着生产社会化和商品经济的发展而不断发生分解和分离的科学范畴。

在马克思以后的 100 多年里，新古典制度经济学派也开始尝试对产权及其范畴做回答。科斯（Coase，1960）在经典著作《社会成本问题》中就曾言明，产权是产权主体对财产所拥有的一组权利。他反复强调权利的界定和权利的安排的重要性。在德姆塞茨（Demsetz，1967）看来，产权是一种社会工具，包括一个人或其他人受益或受损的权利，产权是附着在有形物品或无形服务上的权利束，有助于人们在交易时形成合理预期，修正人们的行动。只有清晰的产权界定才可以划定人们受益或者受损的范围，才能明确权利受损时谁必须向谁提供补充。阿尔钦（Alchian，1977）指出，产权是一个社会所强制实施的选择一种经济品使用的权利，附着在物品上。私有产权则是将"被强制的权利"和物品分配给特定人，它可交换。产权不是普通物质实体，它附着于物，且被人们相互认可。菲吕博腾（Furubotn，1972）和平乔维奇（Pejovich，1972）定义产权"不是指人与物之间的关系"，是因物使用引致"人们之间相互认可的行为关系"，其本质是行为关系。张五常（1969）定义产权为一个行动团体对资源的使用与转让权以及收入的享用权。

可见，这些新古典制度经济学的权威们在产权范畴界定上仍有差异。阿尔钦的产权是"选择的权利"，德姆塞茨是"工具"，平乔维奇是"行为关系"，张五常是"权利束"。虽然这些界定表面上各有所异，但其公认的定义都是财产的权利束（right of property）。

2.2.1.2　农地产权结构

对绝大部分发展中国家而言，农地既是主要的生产性资产，又是大多数人维持生存和积累的基础（Fitzgerald，1985），因而农地产权制度的改革尤为引人关注。现代农地改革的理论主要关注两个方面：一是对先前的土地产权结构和生产关系的认识；二是有意无意建立起来的新模式（Ghose，1983）。曾经一度的土地改革是在粮食产量停滞、土地使用不充分、农村劳动力就业不足这样的背景下，关注土地改革对受益者和城市粮食供给的积极影响（Dorner，1972）。在新古典主义者们看来，在农业劳动力不足和资本匮乏的情况下，可以通过重新分配土地产权和改革要素市场来实现农业生产效率的提高（Schultz，1964；Friffin，1974；Lipton，1974）。

在国外学者看来，中国的土地产权结构变迁经历了两个时期。其一，是生产关系的集体化，其主要目的是摧毁地主制度，保卫新政权，促使优势的农村经济工业化。针对这个时期，理论关注的重点不仅是农地产权本身，还有剩余分配（Saith，1985），因此生产关系的变化就需要重点关注（Kornai，1996）。中国实行归公社所有的土地国有化，保留家庭自留地，并且极重视工业支援农业，在政治上强调在集体农场内改造生产关系（Lardy，2008）。其二，是农业"重新农民化"时期（Saith，1985），这一时期虽没有涉及农地所有权方面的重大变革，但影响了农地的剩余占有权，可称为"第三次土地改革"。这两个时期土地改革的关键并非农地产权形式本身，而是农地所产生的经济剩余的使用，这一逻辑与其他国家的当代土地制度改革是一致的。

国内学者大多认可中国的农地产权结构变迁经历了三个时期：1949～1952 年，以"耕者有其田"为目标的土地制度改革；1952～1978 年，土地集中的农业合作化运动；1978 年至今的土地分户经营改革，即家庭联产承包责任制改革（郭晓鸣，2011），其中 2001 年至今，在家庭联产承包责任制下进行土地流转制度改革。农地产权结构总体上展现出从产权统一到产权分离的基本演变态势。

相较于前两个时期，学者们更多关注 1978 年以后的土地产权结构变迁。家庭承包制改革是一场诱致性特性强于强制性的改革（刘守英，2019），中央最初的决策不是改革而是政策调整（杜润生，2005），正是基于多种因素的聚合才促成了放开土地权利的改革（刘守英，2018）。两千多年的租佃制历史早就说明了土地所有权和使用权可分离，这场家庭集体农地制度改革下的"两权分离"并非制度创新，其本质是"剩余权"的让渡，农民获得了最终产品的剩余控制权和剩余享益权（陈剑波，1994）。在集体继续保留所有者的前提下，土地产权束进行分割，农民获得农地的使用权和剩余索取权。基于"交够国家的，留足集体的，剩余是自己的"契约安排（刘守英，1993），农地改革重构了国家、集体和农户之间的利益关系。

2.2.1.3 从"两权分离"到"三权分置"

"家庭联产承包责任制"是新中国成立以来农地制度的最大变革。然而，产权主体模糊、权能残缺等问题未得到彻底解决，"两权分离"土地制度的局限性逐渐显露（叶庆兴，2014）。首先，农户承包经营制的零分碎割引致效率损失（王秀清、苏旭霞，2002），严重抑制了农业集中化、规模化和现代化生产。其次，大量农村青壮年劳动力向城镇迁移，农户兼业化、非农化趋势加大，农村土地抛荒弃耕现象普遍（廖洪乐，2012）。最后，"均分制"的土地承包经营关系，使得承包户具有天然的成员权身份垄断，加之农地的"限制性市场流转"，农地资本化进程推进缓慢（胡新艳等，2016；耿宁、尚旭东，2018）。

于是，为了解决农村土地"谁来种，如何种"，以及资源优化配置等问题，需要调整农地产权结构，将承包经营权进一步细分为承包权与经营权，实现农地使用权的有效流动（张红宇，2016）。"三权分置"下承包权和经营权的分离，并不意味着农地集体所有权的弱化，集体仍保有农地的发包权、调整权、收回权、监督权等权利。因此，"三权分置"成为家庭联产承包责任制改革的延续，旨在通过引导农地经营权规范有序流转，探索土地经营权抵押贷款，进而发展规模经营。

"三权分置"农地制度历史基础深厚，遵循"权能分离"理论，是对现行农地制度的继承和发扬（陈锡文，2014）。"三权分置"将承包经营权中具有交换价值和使用价值的权能分离出来形成经营权（肖卫东、梁春梅，2016），与承包权形成两种独立的权能。这就意味着，经营权是承包经营权的衍生权能。农村土地制度从"两权分离"到"三权分置"，始自农民群众较为广泛的自发行动，又及时得到国家力量的保障和规范，是自下而上与自上而下的力量共同作用的结果，充分体现了诱制性和强制性相结合的特征（胡士俊，2018）。产权细分并允许权能自由转让，那么产权主体可在约束范围内获取资源配置的最大收益（罗必良，2013）。"三权分置"的本质在于放活经营权后，各产权主体之间调整权利和利益关系，不断追求土地资源收益的最大化。

2.2.1.4　农地制度改革与农地绩效

从机理上来说，农地产权制度激励和约束主体对农业生产要素的使用与配置（速水佑次郎，2003；林毅夫，2010）。可见，农地权能禀赋变化对农地绩效的影响是通过作用于农业生产要素的效率变化得以实现的。经济学家们对两者之间的关系做了大量的研究。

改革开放之前，农地产权制度几经变迁。制度不同，激励不同，生产要素投入量不同，农地绩效差异较大。1949～1952 年，农业增加值年均增长 13.81%；1953～1958 年，年均增长 1.36%；1959～1962 年，年均增长 -5.60%；1963～1978 年，年均增长 7.03%。① 黄少安、孙圣民和宫明波（2005）研究了四个时期的要素产出弹性，结果表明 1949～1952 年各生产要素投入增量较高，土地和劳动力要素的利用率也较高，农业总产值实现稳定增长。

改革开放以后的农地绩效研究较为丰富。林毅夫（1994）率先研究农地产权制度改革与农业产出增长的相关关系，1978～1984 年农业总产出增长的 46.89% 受益于土地制度改革。杨小凯和黄有光（1999）认为 1979～1987 年的农村经济增长，产权制度改革影响组织效率的增长贡献达到 48%，产权制度改革影响配工效率及其他因素的增长贡献达 52%。乔榛、焦方义和李楠（2006）认为制度变迁是农村经济增长的决定性因素，家庭联产承包责任制对 1978～1984 年的农业增长贡献达到 39.98%，1985 年以后农地制度变迁对农业增长的拉动作用逐渐减弱。盛济川、施国庆和梁爽（2010）用随机边界分析法对 1952～2007 年的农村经济增长做了实证分析，结果与林毅夫、杨小凯等学者略有差异。该研究表明，总体来说农地产权制度对农业经济增长的作用相对较小，除三年特殊困难时期外贡献率在 -4%～10% 之间波动；其中 1954～1957 年农地制度贡献率为正但不足 5%，1962～1967 年、1970 年、1973～1974 年及 1978～1984 年农地制度改革贡献率显著为正。

---

① 数据来源：国家统计局。

经济学家们也讨论了不同权能禀赋对农地绩效的影响。姚洋（2000）将农地产权分解为地权稳定性、土地交易权和土地使用权三种权能，其中地权稳定性指以往村里土地调整的频率以及今后可能发生的概率，对单亩水稻产出有正的影响，但统计上不显著；土地交易权指村集体对土地的有偿转包、租赁和代耕方面给予农民的自由度，对亩均产出率有显著的正影响；土地使用权指农户对生产计划的自由制定，特别是劳动力投入的限制，对亩均产出率有显著的负影响。陈志刚和曲福田（2003）也将农地产权分解为使用权、转让权和收益权三种权能，发达和欠发达地区转让权对农地绩效都起正向作用，在发达地区使用权对农地绩效的影响高于收益权，在欠发达地区收益权的影响更大。冀县卿（2010）也将农地产权分解为使用权、收益权和交易权三种权能，赋予农民更完整的权能，使农民形成长期而又稳定的预期，有利于激发广大农民长期投资的积极性；农地产权的专用权和剩余权变迁对农地绩效也产生长期影响，1978～1992年家庭联产承包责任制更多地赋予了农民剩余索取权，但农民并不拥有剩余控制权，1993年后农民不仅获得剩余索取权，而且获得剩余控制权。相较而言，第二轮土地承包政策更有利于调动农民生产积极性。

经济学家们对不同权能禀赋的认可度不一致。何一鸣和罗必良（2010）认为农地产权结构中最重要的是剩余索取权。1978年后的土地制度改革就是将剩余索取权重新赋予分散决策的农民，调动了农户配置资源的积极性，使得农户获得专业化分工效应和规模经济效应，继而提高农地绩效。朱民（1997）、洪名勇和施国庆（2007）、姚洋（2000）认为土地产权结构的稳定性最重要，地权稳定对农地投资有正向影响，能促进农业持续增长。冀县卿和钱忠好（2009）认为农地产权制度中产权强度最为重要，农地产权向着产权完整的路径不断变迁，是农业持续增长的制度之源。

2.2.1.5　产权认知

计划行为理论认为，意愿对行为起先导性作用（Ajzen，1987）。虽然产权制度安排很重要，但农户们对农地制度的认识不可忽视。已有研究表明，产权认知可能是影响农户意愿的重要因素。农地的产权认知影响土地资源配置（肖屹等，2009），对宅基地的继承权、抵押权和所有权认知显著地影响了宅基地的处置意愿，反映出农民对宅基地经济价值的评价（彭长生，2013）；对宅基地退出政策的认知显著地影响了宅基地退出意愿（晏志谦等，2017）。

在产权认知与土地流转方面，曾福生（2012）认为虽然现阶段农户的产权认知比较薄弱，但产权认知度对农地流转有显著的积极影响。仇童伟（2015）认为，安全的产权认知能够激励农户的土地流转需求，对转入户的激励效应显著地大于转出户和未流转户。黄善林等（2015）认为农户土地调整次数和土地流转市场的自由程度对劳动力永久转移意愿具有正向作用。

2.2.2 农户行为

2.2.2.1 农户行为的目标函数

恰亚诺夫（1996）认为，农民在生存伦理（subsistence ethic）目标下安排各种行为。小农的重要特征是为自家生计而生产，其参与经济的身份既是生产者又是消费者，生产的首要目的是满足家庭消费需要，其次才是获取利润。农户坚守"安全第一"的原则，倾向于回避风险（瑟尔沃，2011）。因而，小农的经济活动和经济组织都是以"生存伦理"为基本前提的。波普金（1979）提出自己的核心假设：小农是使其个人福利或家庭福利最大化的理性人。在舒尔茨（1977）和速水佑次郎（1989）看来，农户的要素配置行为符合帕累托最优原则，很少出现生产要素配置效率低下。

不过，中国小农既不完全是恰亚诺夫等实体主义者认可的生计生产者，也不完全是舒尔茨意义上的利润最大追随者，他们既追求利润最大化，也追求效用最大化（黄宗智，2000；杜赞奇，2010）。其行为特点处于"商品小农"与"理性小农"之间，还部分带有"生存小农"的特点（徐勇，2006）。

2.2.2.2 农户行为的约束条件

贝克尔（Bacher，1965）创立了单一农户模型，农户是生产和消费的结合体，其目标是追求自身利益的最大化，农户依据机会成本根据成本最小原则组织生产决策，然后在收入最大化的前提下决定最优消费。潘和刘（Pan and Lau，1974）等对此模型做了扩展、修正和完善，引入目标函数从主观均衡角度考虑农户的经济行为。在辛格（Singh，1986）、斯夸尔（Squire，1986）和施特劳斯（Strauss，1986）看来，消费和劳动力供给决策是在家庭生产所得约束下的效用最大化决策，生产决策独立于市场价格做出。

皮特（Pitt，1985）和罗森茨韦格（Rosenzweig，1985）将价格和健康引入农户行为约束，构建了农户健康生产函数模型。彭军等（2015）将劳动和健康引入农户行为约束，分析了我国农业生产中特殊的"一家两制"现象。伊拜尔（Lqbal，1986）将借贷、储蓄和投资等变量引入，从动态两期视角考察农户行为约束，其应用范围扩大到农户决策行为与政府宏观政策。

在农户的家庭行为研究中，查波利（Chiappori，1988，1991）认为农户的消费和劳动供给行为都是给定的市场工资率下达到帕累托有效配置。阿普斯和里斯（Apps and Rees，1993，1997）、福廷（Fortin，1991）、拉克鲁瓦（Lacroix，1991）和查波利（Chiappori，1995，1997）等将家庭生产行为纳入分析框架，拉维（Ravi，1994）和劳伦斯（Lawrence，1994）运用鲁宾斯坦讨价还价模型分析农户家庭内部的决策，从而将非合作博弈战略性议价理论引入农户家庭经济行为分析。

很多经验研究表明，农户的行为存在异质性。异质性可能来自区域（孔祥智、孙陶生，1998）、从业状况和经济状况（陈春生，2007；Akram，2005）、农户决策目标（Solanno et al.，2001；王春超，2009；彭军等，2015）等原因。

2.2.3 农民收入

农民收入是影响经济持续增长和社会稳定的重要因素。伴随农业和农村经济的快速发展，农村最突出的问题仍然是农民增收缓慢。国内外学者对农户行为与农民收入关系的研究主要集中在土地流转和劳动力流动两个方面。

在土地流转与农民增收的关系方面，土地的细碎和分散程度（陈英乾，2004），以及农地种植规模（Mathis and Noev，2004；Kan，2006）显著地影响农民收入。农业生产规模化能提升劳动力要素、资本要素和土地要素的投入水平（Balint，2006），对农业生产效率提升有积极作用（Lerman，2004；谭凤连、彭宇文，2018），继而促进农民增收。因此，土地流转能显著提高财产性收入和务工收入（涂艳芳，2014；刘俊杰等，2015；洪名勇等，2019），但会导致农地经营性收入明显下降（洪名勇等，2019）。就不同土地流转行为而言，学者们的结论不一致。涂艳芳（2014）认为转入土地使农户人均总收入和农业收入显著提高，转出土地对农户收入无显著影响；但李丽明（2015）则认为转出土地对农民收入产生正增长效应，转入土地则无此效应。不过他们都认可大规模的转入对农民收入产生非常积极的正向影响（涂艳芳，2014；李丽明，2015）。

在劳动力流动与农民增收的关系方面，劳动力流动直接增加了农民的务工收入（李谷成等，2018），对仍然留在农村地区的农业经营收入也有正向影响（Johnson，1954）。劳动力流动是 20 世纪 90 年代经济欠发达地区农民增收的主要原因（都阳、朴之水，2003；马忠东等，2004），不过 90 年代劳动力流动速度偏低，限制了农户收入的增长速度（Johnson，2003；马忠东等，2004）。教育、地区和政治环境显著地影响了农民的务工收入（张东辉、任德晨，2012），农业信息化对劳动力转移速度产生重要影响（Giles，2002），农业技术进步也影响劳动力转移速度，这种影响只在高农业劳动生产率区域显著存在（张宽等，2017）。

除了土地流转、劳动力流动对农民收入产生直接或间接的影响外，财政支农支出（芇晓颖、成涛林，2014）、农产品市场化程度（杨达，2011）、经济集聚（伍骏骞等，2017）、新科技技术应用（贾立，2015；李谷成等，2018）、新型城镇化（谭昶、吴海涛，2019）等因素都显著地促进了农民收入增长。农村金融与资本供给在短期内抑制农民收入增长，长期促进农民收入（贾立，2015）。

2.2.4　文献评述

尽管已有研究从总体上充分肯定了家庭联产承包责任制的积极作用，并对农地产权变迁的绩效、农地产权制度变迁过程及农地产权制度改革方向进行了深入的分析。当前的农地产权制度安排和土地权能禀赋不完善对农民利益的损害和对农村经济可能产生的负面影响，为研究农地权能禀赋对农民收入的影响提供了非常有益的参考。

对中国这样的发展中国家而言，农业活动的主体并非种植园、大地产、大农场或商业化家庭农场，而是小农。农户的农地经营活动是典型的小农经济，经营规模小、劳动协作一般局限在农民家庭内部。虽然常有雇佣和被雇佣现象，土地种植仍以家庭劳动为基础，缺乏系统的资本收益率概念，有时候很难区分生产和消费性活动。农地权能禀赋变动不仅直接影响农户的财产性收入，而且影响农户的生产要素配置行为。诚如阿尔钦和平乔维奇所言，产权不仅仅是一种制度安排，还包含了人们对他的认可以及基于此而做出的行为决策。农地权能禀赋会影响激励和行为。当面对稀缺资源时，农地权能禀赋就决定了农户之间、农户与集体都必须遵守的相互关系，或承担不遵守这种关系的成本。可见，农地权能禀赋决定了农户的行为选择。农户所面临的约束条件较为复杂，不仅在权能禀赋条件下进行要素配置，而且历史经验、文化传统等多种因素也都会影响农户行为。因此，本书认为，农户行为是理性的，农户生产要素配置行为既会考虑权能禀赋约束，也会考虑成本、收益、政策、经验等因素。

尽管1978年以后家庭联产承包责任制一直实施至今，但随着农村经济改革的深入进行，农地权能禀赋业已发生了变迁。农地权能禀赋不同，对当事人的激励和约束作用有别，必然影响农民收入。因此，有必要深入到农地产权内部，分析农地权能禀赋结构，解释农地权能禀赋影响农民收入的作用机制和路径，进而探讨深化中国农地产权制度改革和乡村振兴的政策建议。这一研究无疑具有重大理论价值和实践指导意义。

2.3 理论基础

新制度经济学派认为完整产权包括行动团体对资源的排他性使用权、自由转让权和收益独享权（刘守英，1992）。在我国农地产权的研究中，对农地产权的理解与新制度学派基本一致，是指一组包括所有权、使用权、收益权和处置权的权利束。《中华人民共和国物权法》明确将农民的承包经营权定性为用益物权，《中华人民共和国民法典》——（物权编）继承了这一定位，延续此思路，本节在已有研究基础上重新梳理了农地权能禀赋理论。

2.3.1 "三权分置"格局

"三权分置"格局将农地产权分离为所有权、承包权和经营权。所有权表示所有权人在合法范围内对农地进行占有、使用、收益和处分的权利。"三权分置"下的所有权与"两权分离"时期并无不同。

我国实行集体土地所有、家庭承包经营的制度，集体所有者对土地占有权、使用权、收益权和部分的处分权已经随着土地使用权的转移而转移，因而集体所有者对土地仅享有部分处置权，包括发包、调整、收回、征收和监督的权利，其权利由村集体经济组织或者村民委员会所有。承包经营权在"三权分置"时期分离为承包权和经营权，不过这种分离并不是从 2016 年颁布《关于完善农村土地所有权承包权经营权分置办法的意见》开始的，而是从 20 世纪 90 年代以后就逐渐开始演变（详见该意见第 4 章）。

因而，土地承包经营权分离不是直接将承包经营权肢解为承包权和经营权两种权利，而是在承包经营权中派生出经营权，承包经营权分置是在原承包经营权的权能上赋予新的权能后，再在多个主体间再次分配。

2.3.2 "三权分置"下的权利范畴

"三权分置"格局下所有权、承包权和经营权的权利范畴又当如何？张红宇（2014）认为承包权表现为占有、处置权，以及继承权和退出权等多重权益；经营权表现为耕作、经营收益权，以及入股权、抵押权等权益。潘俊（2015）从权能构造角度分析农地产权，认为承包权包括承包地位维持权、分离对价请求权、征收补偿获取权、继承权、退出权等内容；经营权包括自主生产经营权和收益权，以及包含抵押和担保权在内的处分经营权。张力和郑志峰（2015）认为承包权的权能在于监督承包地的使用、到期收回承包地、再次续保承包、有偿退出、限制性流转等，而经营权的权能则包括承包地上从事农业生产、获得经营收益、处分经营权等。

学者们对农地"三权分置"格局下承包权和经营权的权利内容已经做出了比较细致的划分，划分结果既有共识也有分歧。一些学者们在界定农地权利内容的时候，将处分权、占有权等与入股权、抵押权并列，权利划分层次不统一，容易造成认知上的混乱。从法理学角度看，耕作、生产等权利属于使用权，入股、抵押、担保等权利属于处分权，可以进行并列的权利应该是占有权、使用权、收益权、处分权、继承权和退出权。

2.3.3 "三权分置"下的权能禀赋

本书结合前人研究，从"三权分置"下承包权和经营权的权能着手对农地权能禀赋及归属进行分析，如图 2-1 所示。首先，所有权的权能界定为部分处分权，包括发包权、调整权、收回权和监督权；其次，承包权的权能界定为承包权、部分收益权、继承权和退出权，其中承包权体现为成员权；最后，经营权的权能界定为使用权、部分收益权和部分处分权，权利属于经营主体，包括农户、家庭农场、农业合作社、农业企业等。其中，占有权、收益权、继承权、退出权、使用权和收益权为用益物权范畴，属原承包经营的功能；部分处分权为担保物权范畴，是原承包经营权的衍生功能，包括抵押权和担保权。

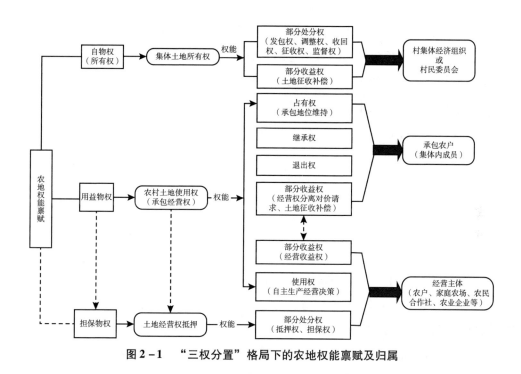

图 2-1 "三权分置"格局下的农地权能禀赋及归属

2.3.4 现行农地制度的权能残缺

在现行的家庭联产承包责任之下，农地所有权不能自发派生出农地使用权和其他权属，农地使用权通过集体发包和农户承包的方式产生。在这样的制度安排下，用益物权和自物权的主体分离，农地所有权归集体所有，农地使用权归农户所有，也就天生地无法派生出担保物权。

现行农地制度安排致使农地权能天然残缺。一方面，产权束里担保物权缺失，需要制度对其进行补充。农地的承包经营权自发派生出经营权，承包权为成员权，无法流转；经营权及其派生出的经营收益权（部分收益权）可流转。担保物权缺失导致农地的二级市场不活跃，土地的财产价值不能得到充分体现。《中华人民共和国民法典》——（物权编）删除原草案第十七章"抵押权"中关于耕地不得抵押的规定，从制度上外生赋予经营权抵押权能，一定程度上弥补了担保物权残缺的天然缺陷。另一方面，农地权能禀赋的产权主体有集体、承包户和经营户三类，导致处分权在集体和经营户之间分离，收益权在集体、承包户和经营户之间分离。这种权利分离，又产生了各种问题，例如，衍生权利又该如何分离，产权主体是谁，当权利受到侵害时，补偿又该如何分配？权能残缺、权利主体不明晰是当前农地纠纷不断、农民利益受侵害的根源，只能由法律和政策逐步弥补。

2.4　本章小结

本章首先对书中的核心概念"产权""农地产权""农地权能禀赋""农地产权认知"进行界定，明确其内涵和外延；然后从农地产权、农户行为和农民收入三个方面对现有文献进行评述；最后提出了农地权能禀赋理论，为下文的机制分析提供理论基础。

本章在农地产权理论部分得出的结论是：现行农地制度权能残缺。权能残缺除了导致土地财产价值无法充分体现、农地纠纷不断等问题外，还有一个显见的问题是：影响农户的产权认知，即影响农户对衍生权利的认识和权利主体的认知。产权认知直接影响激励和行为。例如，农户不知经营权可流转，土地流转率就低。本书的第4章将在此结论基础上，构建农地权能禀赋通过农户行为影响农民收入的理论机制。

第 3 章

农地权能禀赋的演化历程

本章主要有三部分内容：第一，回顾新中国成立至今的农地产权制度变革历程；第二，讨论家庭联产承包责任制下的农地权能禀赋变迁；第三，总结现行农地产权制度的禀赋特征。

3.1 新中国成立至今的农地产权制度变革

土地是农民问题的根本。根据农地所有权和经营权的不同配置，本书将新中国成立以来农地制度变革经历划分为四个阶段：第一阶段是 1949～1952年的土地改革时期，实行农民所有、农户经营的土地制度；第二阶段是 1953～1956 年的初级农业合作化时期，农民以土地入股的形式参与农业生产分红，即农民所有、初级社集体经营的土地制度；第三阶段是 1956～1978 年的高级合作化时期，建立了集体所有、集体统一经营的土地制度；第四阶段是 1978年以来的家庭承包责任制，不改变集体所有的基础上，集体经营转变为农户家庭经营，逐渐允许、鼓励家庭经营权流转。

3.1.1 第一阶段：农民土地所有制（1949～1952 年）

1949～1952 年，新中国进行土地改革，实行农民土地所有制。截至 1952

年底，除部分地区外，在农村基本明确了农民所有、农户经营的土地制度。农民土地所有制的建立过程基本如下。

1949 年 9 月《中国人民政治协商会议共同纲领》第 3、第 27、第 34 条规定：有步骤地将封建半封建的土地所有制改变为农民的土地所有制。同年 10 月，土地改革在华北地区率先开始，华北局颁发《关于新区土地改革决定》明确规定：坚定不移地实行中间不动两头平的平分政策，即坚决不动中农（包括富裕中农）土地，只将地主所有土地、富农（指老富农）出租、佃进的土地拿来与雇农、贫农均分。1950 年 6 月《中华人民共和国土地改革法》制定后，不再没收富农的土地和财产，不再以彻底平分的做法来满足雇农、贫农的要求，保护富农的土地所有权。在农村土地改革中，农事试验场、国营示范农场等一部分农村土地划归为国家所有。

1950 年 6 月颁布《中华人民共和国土地改革法》和 1950 年 11 月颁布《城市郊区土地改革条例》，明确了农民土地所有制，农村土地实现了所有权、使用权和经营权的"三位一体"。《中华人民共和国土地改革法》规定："没收地主在农村中多余的房屋，征收祠堂、庙宇、寺院、教堂、学校和团体在农村中的土地及其他公地""所有没收和征收得来的土地和其他生产资料，除本规定收归国家所有者外，均由乡农民协会接收，统一地、公平合理地分配给无地少地及缺乏其他生产资料的贫苦农民所有"。

这一时期，并不是所有农用地都实行农民土地所有制。《城市郊区土地改革条例》中明确规定："城市郊区所有没收和征收得来的土地，一律归国家所有，由市人民政府管理，连同国家在郊区所有的其他农业土地分配给无地、少地农民耕种使用，凡使用城市郊区国有土地耕种者，除向国家缴纳农业税外，不再交租，但经营不得以国有土地出租；原经营人如不需该项土地时，必须交还国家"。在城市郊区农用地上，所有权与使用权、经营权分离，经营权严禁流转。该条例还明确规定："城市郊区土地改革完成后，对分得国有土地的农民，由市人民政府发给国有土地使用证，保障农民对该项土地的使用权。对私有农业土地者发给土地所有证，保障其土地所有权"。再一次表明分得国有土地的农民仅享有土地使用权。

但是农地的农民土地所有制即私有制存在,导致土地兼并并且集中,这与人民政权推行之初"平分土地"的本意相矛盾①。要从根本上解决土地兼并,必须废除土地私有制,建立土地的公有制。此后,我国农村土地制度的改革之路就沿此思路展开。

3.1.2 第二阶段:农民所有、集体经营的产权制度(1953 ~ 1956 年)

1953 ~ 1956 年是社会主义三大改造时期,其中农业社会主义改造通过合作化运动实现,到 1956 年末基本完成了 5 亿农民从个体小农经济向社会主义集体经济转变。从农地产权权能的配置来说,这个时期实行农民所有、集体经营的产权制度。

1953 年 12 月《关于发展农业生产合作社决议》明确提出:"我国农业要走从初级社到集体所有制的农业生产合作社的路子",明确了农地产权制度改革的具体目标。1955 年 11 月全国人民代表大会常务委员会第二十四次会议通过的《农业生产合作社示范章程》明确规定:"在农业生产合作化初级阶段还保留社员的生产资料所有权,并且给社员以适当的报酬",明确在农民土地所有制基础上,实行土地入股、集体统一经营产权制度,农地的所有权和使用权发生分离,其中所有权属于农民、使用权属于集体。

这一时期土地的所有权归属尚未发生变更,但使用权已经收归集体。农地所有权和使用权的分置也印证了此时期是农地产权制度改革的过渡时期。

3.1.3 第三阶段:集体所有、集体经营的产权制度(1956 ~ 1978 年)

1956 ~ 1978 年经历了多次土地制度的微调,尤其在人民公社体制建立后

---

① 辛逸. 试论大公社所有制的变迁与特征 [J]. 史学月刊,2002 (3):76 - 80.

基本确立了集体所有、集体经营的产权制度，这一时期农地的所有权和使用权都是集体的，农民成为劳动主体而非经营主体，农地制度在所有权和使用权上出现高度集中化倾向。

1956年6月颁布《高级农业生产合作社示范章程》要求："社员入社必须把私有的土地、牲畜、大型农具等主要生产资料转为合作社集体所有""社员土地上附带的私有塘、井等水利设施，随着土地转为合作社所有""社员土地转为合作社集体所有，取消土地报酬"，进一步明确了农村土地集体所有制。农业合作化运动在1958年达到巅峰，其标志性文件是1958年发布的《关于在农村建立人民公社问题的决议》，明确指出"实行'小社并大社'最终实现'政社合一'的人民公社制度"，这标志着农民土地所有制的终止，土地所有权与使用权统一归于集体即合作社，农民家庭经营的主体地位被农村基层经营组织和经营单位所取代。

1962年9月通过的《农村人民公社工作条例（修正草案）》确定了"三级所有，队为基础"的土地权属关系，第二十一条规定："生产队范围的土地都归生产队所有。生产队所有的土地，包括社员的自留地、自留山、宅基地等一律不能出租和买卖。生产队所有的土地不经过县以上人民委员会的审查和批准，任何单位和个人都不得占用。"进一步确定农村土地的集体所有性质，虽然法律确定是在《中华人民共和国宪法》（1982年）颁布后。

这一时期，农地的所有权和使用权高度集中于集体，实现了"两权合一"。土地的公有权能越得到实现，集体的行政权力就越大。集体的行政代表——合作社，代表集体对管辖范围内的土地具有终极处分权，为土地权力寻租埋下了隐患。土地的公有权能越得到实现，各级政府就越能运用行政权力，采用计划手段，对土地的占有、使用、收益和处分进行安排，由于计划常常带有主观性，计划的科学性必然大打折扣。土地的公有权能越得到实现，对农民个体的私权就消除得越彻底，必然大大压抑土地使用中个体的积极性和创造性。从1956年土地公有制建立到1978年党的十一届三中全会的历史经验表明，集体所有、集体经营的产权制度并不适合中国，农地产权制度有必要进一步改革。

3.1.4 第四阶段：集体所有、家庭承包经营的产权制度（1978 年至今）

1978 年党的十一届三中全会以后，启动了农村改革的新进程，农村土地承包制度改革成为先导。这场对整个国家命运产生重大影响的制度变革，最初发生在贫困地区，后经政策推动得以在全国普遍化，最终通过法律予以制度上的确立。此后又经由各项政策和法律制度调整得以不断完善。

首先，通过立法明确农地的所有权。1982 年 12 月通过的《中华人民共和国宪法》第十条规定："农村和城市郊区的土地，除由法律规定属于国家所有的以外，属于集体所有；宅基地和自留地、自留山属于集体所有"。1986 年通过的《中华人民共和国土地管理法》设专章规定了土地的所有权制度，其中第 2 条和第 8 条明确了集体所有制："中华人民共和国实行土地的社会主义公有制，即全民所有制和劳动群众集体所有制"，第 8 条第 2 款规定："农村和城市郊区的土地，除由法律规定属于国家所有的以外，属于农民集体所有；宅基地和自留地、自留山，属于农民集体所有"。至此，农地所有权归属法律界定完成，未再变更。

其次，使用权与所有权再次分离，初步确定家庭承包经营制度并不断完善。1979 年党的十一届四中全会通过的《关于加快农业发展若干问题的决定》，初步肯定了"包产到户"的办法，允许边远地区和交通不便的家庭可以包产到户。1982 年中央一号文件《全国农村工作会议纪要》专门谈农业生产责任制问题，明确指出"目前实行的各种责任制，包括小段包工定额计酬，专业承包联产计酬，联产到劳，包产到户、到组，包干到户、到组，等等，都是社会主义集体经济的生产责任制"，消除了意识形态对家庭责任制改革的阻挠。1983 年中央一号文件《当前农村经济政策的若干问题》正式发布，从理论上说明了"家庭联产承包责任制是在党的领导下中国农民的伟大创造，是马克思主义农业合作化理论在中国实践中的新发展"。它标志着集体所有、家庭承包经营产权制度的确立，家庭联产承包责任制在全国普遍推广。

到 1984 年底，全国已有 99% 的生产队、96.6% 的农户实行了包干到户[①]。

党的十一届三中全会以后，在农用地上再一次尝试使用权与所有权分离，但此刻所有权归属于集体，部分使用权归属于农户即承包经营者，这种制度尝试立刻激发了农民的积极性和创造性，农村经济和农业经济获益良多，拉开了我国农地权能完善的序幕。2016 年，国务院颁布了《关于农村土地所有权承包权经营权分置的意见》，将农村土地产权中的土地承包经营权进一步划分为承包权和经营权，实行"三权分置"。该意见在依法保护集体土地所有权和农户承包权前提下，平等保护土地经营权，被认为是继家庭联产承包责任制后农村改革又一重大制度创新[②]。不过，农村承包地"三权分置"制度并没有打破农地"集体所有、家庭承包经营"的产权制度。本书将这一时期统一到第四阶段，在家庭联产承包责任制下进行权能禀赋变迁的分析。

3.2 家庭联产承包责任制下的农地权能禀赋变迁

1978 年至今，农地所有权和所有权的归属未发生大的变更，实行集体所有、家庭承包经营的产权制度，农地土地使用权逐渐与所有权分离，形成一种相对稳定的财产权。这一点也得到了 1995 年国家土地管理局颁布的《土地登记规则》的确认，该规则明确把土地权利划分为所有权、使用权和他项权利，其中他项权利包括抵押权、租赁权和其他需要登记的权利。过去 40 多年，为稳定农业生产，适应城镇化和农业现代化进程中出现的土地适度规模化经营趋势，法律和政策旨在完善农地所有权、使用权和他项权利，推进农地承包经营制度稳定化、规范化和法律化，逐渐形成了所有权、承包权和经营权"三权分置"、经营权流转的产权格局。

---

① 杜润生. 杜润生文集 [M]. 太原：山西经济出版社，2008.
② 郑忠良. 稳步推进和完善农村土地"三权分置"制度 [J]. 西藏政报，2018（11）：2.

3.2.1 逐渐完善农地所有权

农地的集体所有权除在《中华人民共和国宪法》和《中华人民共和国土地管理法》两个法律要件中多次明确以外，还在农地使用和相关费用配置中不断完善。其一，在集体－农民的发包承包关系上完善集体所有权，集体经济组织或其代表村民委员会是农地的唯一发包方。2002 年的《土地承包法》规定："农民集体所有的土地依法属于村农民集体所有的，由村集体经济组织或者村民委员会发包；已经分别属于村内两个以上农村集体经济组织的农民集体所有的，由村内各该农村集体经济组织或者村民小组发包。村集体经济组织或者村民委员会发包的，不得改变村内各集体经济组织农民集体所有的土地的所有权"。其二，在农地问题决策时体现集体所有权，未经所有者同意的农地转让、转包、互换等行为无效。2007 年颁布的《中华人民共和国物权法》第 59 条规定："土地承包方案以及将土地发包给本集体以外的单位或者个人承包""个别土地承包经营权人之间承包地的调整""土地补偿费等费用的使用、分配办法""应当依照法定程序经由本集体成员决定"。1999 年最高法院发布的《关于审理农村承包合同纠纷案件若干问题的规定（试行）》第 14 条规定"承包方未经发包方同意，转让承包合同，转包或者互换承包经营标的物的，人民法院应当认定该转让、转包、互换行为无效"。其三，通过农地使用费用和征收补偿的分配完善集体所有权。2014 年《中华人民共和国土地管理法实施条例》第四章第 18 条明确"土地整理所需费用，按照谁受益谁负担的原则，由农村集体经济组织和土地使用者共同承担"，第五章第 26 条关于农用地转为建设用地时，规定"土地补偿费归农村集体经济组织所有"。

农地的所有权和使用权分离，所有权能和使用权能相对独立、相互区别、相互联系。虽然法律并未明确赋予集体所有权行使的具体权能，但是从上述农地所有权完善的过程来看，集体实现土地所有权能可采取发包、调整、收回、征收、监督等方式，必然具有发包权、调整权、收回权、征收权和监督权，皆属于处分权范畴。

3.2.2 逐渐完善农地使用权

通常意义上的农地使用权指的是与农地所有权相分离的承包经营权，即自然人、法人或其他组织因从事耕作、种植或其他农业生产经营项目而基于承包合同对集体所有或者集体使用的国有农用地所享有的占有、使用、收益的权利。农地使用权的完善主要体现在以下几个方面。

第一，在《宪法》《民法》《刑法》《土地管理法》四个法律要件中对农地使用制度做出明确规定。1988 年《宪法修正案》将《宪法》第 10 条第四款修改为："任何组织或者个人不得侵占、买卖或者以其他形式非法转让土地。土地的使用权可以依照法律的规定转让"，确立了土地使用制度；1999年《宪法修正案》修改了农村生产经营制度，规定："农村集体经济组织实行家庭承包经营为基础、统分结合的双层经营体制"。1986 年颁布的《民法通则》首次提出了承包经营权的概念，把承包经营权作为一种与财产所有权有关的财产权予以保护，从法律层面巩固了农村改革成果，该法规定了集体土地所有权的基本内容，也明确了集体土地承包经营权制度。《民法通则》第 80 条第二款规定："公民、集体依法对集体所有的或者国家所有由集体使用的土地的承包经营权，受法律保护。承包双方的权利和义务，依照法律由承包合同规定。"《刑法》于 2001 年将土地管理和农用地保护犯罪列入条文，第 342 条 "非法占用农用地罪" 规定："违反土地管理法规，非法占用耕地、林地等农用地，改变被占用土地用途，数量较大，造成耕地、林地等农用地大量毁坏的，处五年以下有期徒刑或者拘役，并处或者单处罚金"。1986 年《土地管理法》第 14 条规定了农地承包经营的权利："农民集体所有的土地由本集体经济组织的成员承包经营"，第 15 条明确了集体外成员承包经营土地时的程序："农民集体经济组织所有的土地，可以由集体经济组织以外的单位或个人承包经营，土地承包经营的期限由承包合同约定。但是必须经过村民会议 2/3 以上成员或 2/3 以上的村民代表同意，并报乡镇人民政府批准。发包方和承包方应当订立承包合同，约定双方的权利和义务。土地承包经营的期限由承包合同约定。承包经营土地的单位和个人，有保护和按照承包合同约定的用途合理利用土地的义务"。

第二，对农民承包经营权实行物权保护。历年来的法律和政策都规定了承包期内，任何组织和个人不得干预农民的生产经营自主权，不得违法调整和收回承包地，不得违背农民意愿强行流转承包地，不得非法侵占农民承包地。2007 年颁布的《物权法》，以基本法的形式将土地承包经营权确立为用益物权，赋予农民有保障的土地承包经营权，从财产权的角度对承包经营权做出了明确和保护。《物权法》第 124 条规定："农民集体所有和国家所有由农民集体使用的耕地、林地、草地以及其他用于农业的土地，依法实行土地承包经营制度"，第 125 条规定："土地承包经营权人依法对其承包经营的耕地、林地、草地等享有占有、使用和收益的权利，有权从事种植业、林业、畜牧业等农业生产"，第 130 条和第 131 条规定："承包期内发包人不得调整和收回承包地""如遇特殊情况需按照法律规定办理"。

第三，不断延长土地承包期，保障外出务工人员承包权益，稳定和维护农民的占有权。1984 年的中央农村工作一号文件提出："延长土地承包期，鼓励农民增加投资，培养地力，实行集约经营。土地承包期一般应在十五年以上"。两年后颁布的《土地管理法》第 14 条规定："土地承包经营期限为三十年"。1993 年，中央发布了《关于当前农业和农村经济发展若干政策措施》指出"在原定的耕地承包期到期后，再延长三十年不变"，为的就是使农地承包关系更加稳定。2002 年《土地承包法》和 2007《物权法》明确耕地的承包期为 30 年。2008 年党的十七届三中全会提出"稳定现有土地承包关系，实行长久不变"。党的十九大明确提出"保持土地承包关系稳定并长久不变，第二轮土地承包到期后再延长三十年"。稳定农民的土地承包权不仅体现在延长土地承包期，还体现在对外出务工人员承包权益的保障上。2004 年国务院发布《关于妥善解决当前农村土地承包纠纷的紧急通知》中明确规定"要尊重和保障外出务工农民的土地承包权和经营自主权。承包期内，除承包方全家迁入设区的市转为非农业户口的，不得收回农户的土地承包经营权。对外出农民回乡务农，只要在土地二轮延包中获得了承包权，就必须将承包地还给原承包农户继续耕作""对外出农户中少数没有参加二轮延包、现在返乡要求承包土地的，要区别不同情况，通过民主协商，妥善处理。如果该农户的户口仍在农村，原则上应同意继续参加土地承包"。这份通知也成为解决外出务工人员农地承包权纠纷的主要依据。

第四，建立土地承包经营权登记制度，为"三权分置"（所有权、承包权、经营权）奠定基础。早在1984年中央一号文件就允许了农地承包经营权流转："社员在承包期内，因无力耕种或转营他业而要求不包或少包土地的，可以将土地交给集体统一安排，也可以经集体同意，由社员自找对象协商转包，但不能擅自改变集体承包合同的内容"。此后在1993年党的十四届三中全会和1998年党的十五届三中全会等重要会议上都提到了允许农民土地使用权的有偿流转。为了更好地促进农民土地使用权的有偿流转，中央开始引导建立土地承包经营权登记制度，即确认土地承包经营权（以下简称"确权"）。2004年《农村土地承包经营权证管理办法》，要求县级以上地方人民政府颁发农村土地承包经营权证。2007年《物权法》规定："土地承包经营权自土地承包经营权合同生效时设立。县级以上地方人民政府应当向土地承包经营权人发放土地承包经营权证并登记造册，确认土地承包经营权。"此后连续多年的中央一号文件均提到了农地确权问题：2008年要求"确保农村土地承包经营权证到户"；2009年要求"稳步开展土地承包经营权登记试点，把承包地块的面积、空间位置和权属证书落实到农户"，2009～2010年以8个村为试点探索整村推进；2010年重申"全面落实承包地块、面积、合同、证书'四到户'，扩大农村土地承包经营权登记试点范围"；2012年要求"加快推进农村地籍调查，2012年基本完成覆盖农村集体各类土地的所有权确权登记颁证"，土地确权试点扩大到50个县；2013年要求"全面开展农村土地确权登记颁证工作""用5年时间基本完成农村土地承包经营权确权登记颁证工作"，土地确权试点扩大到105个县；此后每一年的中央一号文件都提到了扩大试点土地承包经营权确权登记颁证范围，2018年底全面完成确权工作。

第五，完善农地承包经营权流转体系，形成三权分置、经营权流转的农地产权格局。随着城镇化、现代化进程推进，大量农村劳动力转移进城，相当一部分农户选择将土地流转给他人经营，承包主体和经营主体分离的意愿越来越强，为顺应农业现代化趋势和农户保留承包权、流转经营权的需求，中央推行一系列的政策和制度安排，实行土地集体所有权、农户承包权、土地经营权"三权分置"并行的农地产权制度。2013 年党的十八届三中全会《关于全面深化改革若干重大问题的决定》为农地产权再次改革吹响号角，第六项第 20 条提出："坚持农村集体所有权，依法维护农民土地承包经营权，发展壮大集体经济"，明确提出："赋予农民对承包地占有、使用、收益、流转及承包经营权抵押、担保权能，允许农民以承包经营权入股农业产业化经营。鼓励承包经营权在公开市场上向专业大户、家庭农场、农民合作社、农业企业流转，发展多种形式规模经营。"2014 年中央一号文件推动了农村土地改革进一步深化，明确了稳定承包权和放活经营权两个改革目标。2016 年《完善农村土地所有权承包权经营权分置办法的意见》颁布，明确"落实集体所有权，稳定农户承包权，放活土地经营权"的农地产权格局，试行所有权、承包权、经营权分置并行，着力推进农业现代化。从 2001 年开始中央相关部门陆续颁布各类引导农地使用权流转的文件。包括《关于做好农户承包地使用权流转工作的通知》（2001 年）、《农村土地承包经营权流转管理办法》（2005 年）、《关于稳步推进农村集体经济组织产权制度改革试点的指导意见》（2007 年）、《关于做好当前农村土地承包经营权流转管理和服务工作的通知》（2008 年）等等。到 2014 年中办、国办和农业部对于农地承包经营权的流转问题连发三文（《关于切实做好农村土地承包经营权流转工作保证土地流转规范有序进行的通知》《关于引导农村土地经营权有序流转发展农业适度规模经营的意见》《关于引导农村产权流转交易市场健康发展的意见》），对农村土地权能流转的用词从"承包经营权"明确为"经营权"，权属概念更加清晰。2016 年《农村土地经营权流转交易市场运行规范（试行）》的颁布，明确了市场交易的主体、条件和品种，规范了交易的具体事项，此后每一年都发文鼓励经营权流转。2020 年颁布的《民法典物权编》第十一章"土地承包经营权"明确，"承包期届满，由土地承包经营权人依照农村土地承包的法律规定继续承包""土地承包经营权人可以自主决定依法采取出

租、入股或者其他方式向他人流转土地经营权""流转期限为五年以上的土地
经营权，自流转合同生效时设立。当事人可以向登记机构申请土地经营权登记，
未经登记，不得对抗善意第三人"，在民法层面进一步巩固了承包经营权的用
益物权属性，明确了承包权到期后的续权问题，规范了经营权的流转。

3.2.3 逐渐完善农地他项权

土地承包权作为一种物权，应该是一束完整的权利。但是目前土地承包
权的物权属性更多体现在用益物权上，即农民对农地占有、使用和收益的排
他性权利，担保物权方面还有待完善。国家已经出台了相关政策在担保物权
方面做出有益尝试。2015 年国务院办公厅颁布《关于开展农村承包地的经营
权和农民住房财产权抵押贷款试点的指导意见》，要求开展农村承包土地的经
营权和农民住房财产权抵押贷款试点。紧接着 2016 年，由中国人民银行、中国
银监会、中国保监会、财政部、农业部联合发布《农村承包土地的经营权抵押
贷款试点暂行办法》，将经营权抵押贷款在除上海外的 30 个省区开展试点。截
至 2018 年 9 月底，在全国 232 个试点县区中，农村承包土地经营抵押权贷款总
额累计达到 964 亿元[①]。2020 年发布的《民法典物权编》已删除原草案第十
七章"抵押权"中关于耕地不得抵押的规定，明确了农地具有抵押权能。

3.3 现行农地产权制度的禀赋特征

3.3.1 坚持土地集体所有制

土地集体所有制是中国农村合作化运动留下的最主要制度遗产，是中国

---

① 农地经营权抵押贷款达 964 亿元［EB/OL］. 人民网海外版，http：//society. people. com. cn/
n1/2019/0119/c1008－30578155. html，2019－01－19.

社会主义基本经济制度的主要组成部分，也是中国农村制度有别于世界其他国家和地区的最为独特的制度安排。坚持土地集体所有制是中国共产党执政的前提和基础，也是影响中国农村制度变迁的根本。因此，集体化时期即便遇到了三年特殊困难时期那么大的挫折，农村制度的底线也只是退回到"三级所有、队为基础"的集体所有制；在 20 世纪 80 年代汹涌澎湃的改革浪潮中，改革者在推动家庭经营和还地权于民的制度变革时，也再三强调家庭责任制改革是在集体所有制不变的前提下进行的。在 20 世纪 90 年代明确农村基本经营制度时，也必须强调"统分结合"，而集体所有制是农业经营体制中"统"的最主要合法性来源。改革以后土地集体所有制的内涵是：农户与集体保持承包关系，集体组织拥有土地发包权和处置权，土地使用者不得买卖土地。每个集体成员平等享有集体土地的使用权，集体所有制演化为成员权集体所有制。集体的每个成员享有土地非农后的收益分配权。

3.3.2　农户成为土地产权的实际拥有者

农地改革最主要的制度内涵是，赋予承包农户土地产权，通过土地产权的保护与实施解决农业生产的激励低下和制度预期不稳定问题。在集体所有制下，农户替代生产队成为农业生产和经济活动的决策主体，拥有合约期内农地的承包权、经营权、收益权和转包权。近年来，不断完善土地产权，明确和巩固农户的主体地位，稳定土地承包关系。"三权分置"的实质是在承包经营权里派生出经营权，将经营权分赋予农民。引导经营权的有序流转，就是引导农户为主体的土地流转。农地改革进一步使得农户拥有了物权化的土地产权，成为土地产权的实际拥有者。

3.3.3　农地权能禀赋天然有缺陷

在家庭联产承包责任制下，用益物权和自物权主体分离，导致权能农地权能禀赋天生出现两个问题：第一，无法派生出担保物权，即担保物权权能残缺；第二，用益物权和自物权主体分离，致使处分权在集体和经营户之间分离，收益权在集体、承包户和经营户之间分离，结果就是处分权和收益权的衍生权利主体不清晰。权能残缺、权力主体不清是当前农地纠纷不断、农民利益受侵害的根源，只能由法律和政策逐步弥补。

从家庭承包制的确立与赋权历程来看，法律和政策在对农民土地承包经营权的赋权上，着力于强化和完善农户使用权和收益权的赋权与保障。但是，对于其他权能的赋权和厘清权利主体的重视不够。在城镇化加速、农村人口与劳动力非农化后，制度缺陷愈发凸显。

一是处置权。在土地集体所有制的前提下，无论怎么强调承包地的物权属性，承包农户对承包地是无偿退出的。随着人口城镇化和农业劳动者非农化，一部分进城农民如何处置承包地的问题就浮出水面。目前的法律规定，农民到设市以上的城市落户，就得向集体交回承包地，这一规定与土地作为物权的原则相背离。

二是抵押和担保权。在承包者就是经营者的情况下，承包者用承包土地担保获得金融支持，其权责是对等的。但是，当承包者将经营权流转给新的经营者后，后者只有经营权没有承包权，一旦他用经营权抵押、担保后，出现经营问题无法偿还贷款时，银行就得将土地收走，而无法只收走经营权，由此将导致承包权面临风险。因此，承包经营权在权能设置上的缺陷，影响衍生权利的顺利实现。

三是继承权。在实行"增人不增地、减人不减地"及土地承包关系长久不变后[①]，土地承包制度成为一种未来无限期的土地制度，农户的承包地就作为物权固定下来了。可是，"长久不变"后要面对一个问题，家庭内部出现代际人口变动，如何处置承包地，目前的政策和法律还没有触及。具体而言，现在的承包者一旦去世以后，其承包地是转给下一代还是回到集体手中？按照中共中央、国务院《关于保持土地承包关系稳定并长久不变的意见》要求，"若承包方消亡，发包方应当依法收回承包地，另行发包"。那么土地上

---

① 中共中央、国务院《关于保持土地承包关系稳定并长久不变的意见》（2019 年）。

附着的各种投资又当如何处置？随承包地回到集体？还是由法定继承者继承？若可继承，如土壤改良等附着投资又当如何与承包地的分离？我国目前的承包者中第一代已经接近平均寿命，此类问题已逼近眼前，需要有制度应对。

3.4　本章小结

本章对新中国成立以后农地权能禀赋的演化历程进行回顾，为后续研究提供制度背景。首先，按照农地产权制度禀赋回顾了新中国成立后的产权制度变革的四个阶段；其次，总结了现行的家庭联产承包责任制的权能结构及禀赋变化；最后，总结现行农地产权制度的禀赋特征。

家庭联产承包责任制重新划分了农村土地的所有权和经营权，对农地权能的完善起了积极作用，但也仅是一种浅层次的土地经营模式改革，未触及产权权能的核心。20 世纪 90 年代以后，承包经营权又被分解为承包权和经营权，集体拥有土地所有权，集体内的农户拥有土地承包权，土地经营权可以流转，进一步提高了农地产权权能。从"两权分离"到"三权分置"，农村土地产权结构的确有向结构完善趋近的分化过程，但事实上这种渐进式的改革未能完全弥补权能残缺问题。产权关系依旧不明晰，权能结构仍然受抑制，相关权利无法顺畅实现。本章最后将农地权能残缺定为现行制度的第三个特征，希望在权能禀赋完善趋近的渐进式改革中得以完善。

第4章
农地权能禀赋影响农民收入的机制和路径

本章探讨农地权能禀赋影响农民收入的理论机制。首先，明确了农地权能禀赋影响农民收入的作用机制，然后讨论本农地权能禀赋、农地产权认知、农户行为与农民收入的关系路径，接着分析土地配置行为影响农地经营效率的路径，最后界定农地权能禀赋与农民收入的诸多影响因素。

4.1 农地权能禀赋影响农民收入的作用机制

农户是农地经营的直接主体，其行为选择决定了以农地为主的农村经济系统是否协调、是否可持续，同时包括农地权能禀赋在内的制度安排、农户认知与社会经济环境、技术环境等又对农户行为影响显著。可见，农地权能禀赋成为影响农户认知、农户行为选择，继而影响农村经济系统的前置因素。

4.1.1 农地权能禀赋影响农民收入的长效机理

农地产权认知制度安排是维系农地利用系统中不同主体间在不同时空序列上的各项权利束的组合。在不同的产权安排下，农户的产权认知不同；在相同的产权安排下，农户的产权认知也存在差异。不同认知情况下，农户的土地种植和流转、农业就业和非农就业选择不同，继而影响农民收入。合理化农地权能禀赋，加强农户的产权认知能力，可优化资源配置，协调人与人、人与地、人与自然的关系，实现土地持续高效利用，实现劳动力有效配置，最终促进农民收入提升。农地权能禀赋对农民收入作用的长效机制，主要表现在：

第一，农地权能禀赋影响产权认知。家庭联产承包责任制下，农地权能禀赋天然残缺，缺失权能需由法律和政策外生赋予。从赋权层面看，1978 年以来一系列农地法律制度和农地确权政策都在逐步完善权能禀赋，逐步厘清各项权利主体和权利客体的边界。从事实层面看，权能禀赋逐渐完善，农户的产权认知也更加准确。在"三权分置"制度下，政策层面积极引导农户流转，强化了农户对土地使用权的主体认识。

第二，产权认知影响农户行为。人们对土地权能禀赋的认识以及对财产的保护程度主观认知，影响投资收益的预期，导致劳动力、土地、资本等生产要素在部门间的配置。相同要素积累水平下，生产要素流向生产部门还是非生产部门，会使经济增长水平产生根本差异（黄少安、孙圣民，2016）。同样地，农村的劳动力、土地等生产要素在不同部门间的配置状态，也会使农业增长水平产生根本差异，继而对农民收入产生重大影响。产权认知水平影响农户要素配置行为。

农地权能禀赋的变迁影响产权认知，继而影响生产要素流向、资本投入和人力资本投资等各方面，其促进经济增长的作用不但需要在机理上做出解释，而且需要被历史经验证实。本书着重讨论农地权能禀赋通过产权认知对生产要素配置的影响，尤其关注对土地要素和劳动力要素的配置作用。

4.1.2 农地权能禀赋影响土地配置

农地权能禀赋对农民收入的影响是基于农地流转市场的两端连接着农地流入农户与农地流出农户，继而影响流入和流出农户的要素配置行为。农地流入的农户通过流入土地达到适度规模经营，提高生产效率。农地流出农户通过流出农地，实现与土地解绑，投身非农就业，增加财产性收入和劳动性收入。农地权能禀赋影响农民收入的具体路径如图4-1所示。

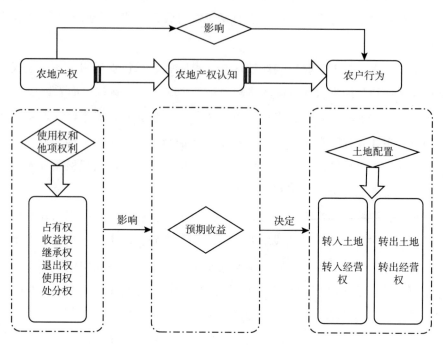

图4-1　农地产权认知禀赋影响土地配置

4.1.3　农地权能禀赋影响劳动力配置

农地权能禀赋影响农民的农业和非农就业决策，即影响劳动力城乡转移决策。这里运用发展经济学中讨论城市失业问题的托达罗（Todaro）模型，分析农地权能禀赋对劳动力转移的影响。中国农村劳动力流动课题组（1997）以1994年四川省1820个农户的调查数据及追踪数据为基础，证明农户城镇迁移的动力是城市务工收入。这也为托达罗模型的使用厘清了前提。

托达罗模型认为农户基于城乡收入差距决定劳动力配置，原始模型为：

$$V(0) = \int_{t=0}^{n} [p_u(t)Y_u(t) - Y_r(t)]e^{-rt}dt - C(0) \tag{4.1}$$

其中，$V(0)$ 是城乡预期收入差距的贴现值，r 是贴现率，$p_u(t)$ 是 t 期农村劳动力在城市得到工作的概率，$Y_u(t)$ 是 t 期劳动力城市非农就业的收入，$Y_r(t)$ 表示 t 期劳动力务农收入，$C(0)$ 是迁移成本。

设农业生产符合 C-D 函数，务农收入 $Y_r(t)$ 是农产品价格 $P_r(t)$ 和产量 $Q(t)$ 的函数，为简化模型，仅考虑一期，那么城乡收入差距可记为：

$$V = p_u Y_u - \alpha P_r L_r^{\theta_1} A^{\theta_2} K^{\theta_3} - C \tag{4.2}$$

其中，L_r、A、K 分别代表农业劳动力投入、土地投入和资本投入量，θ_1、θ_2 和 θ_3 是这三种投入要素的产出弹性。

农地权能禀赋对劳动力配置的影响存在两种不同的路径。第一，产权不完整影响农地产权认知，农户预期这样的制度安排对农业产出征收随机税（姚洋，2004），会促进劳动力非农转移（田传浩、贾生华，2004；陈会广、刘忠原，2013）；第二，产权不完整可能导致农户担心地权稳定，认为非农流动后失地风险增大，只能被动低效率地依附于土地（Janvry，2015；付江涛等，2016）。

针对第一条路径，令 S 表示农地产权认知的完整性，设地权不完整导致 $h(S)$ 的农业经营收入受损，则 $h(S) \in [0, 1]$，且 $h'(S) < 0$，即随着农地权能越完整，农业经营的损失就越少。那么：

$$Y_r = \alpha(1 - h(S))P_r L_r^{\theta_1} A^{\theta_2} K^{\theta_3} \tag{4.3}$$

针对第二条路径，设农民离地导致失地的概率为 $q(S)$，且 $q'(S) < 0$，即随着农地权能越完整，农户离地失地的概率就越小。土地对农户具有就业保障与生产保障功能，其价值为 $G(A)$。那么，农民离地后非农就业导致的预期损失为 $q(S)G(A)$。

因而，综合考虑农地权能禀赋影响劳动力配置的两条路径后，托达罗模型修正为：

$$V = p_u Y_u - \alpha(1 - h(S))P_r L_r^{\theta_1} A^{\theta_2} K^{\theta_3} - C - q(S)G(A) \tag{4.4}$$

对公式（4.4）求偏导，可得：

$$\frac{\partial V}{\partial S} = \alpha P_r L_r^{\theta_1} A^{\theta_2} K^{\theta_3} \frac{dh}{dS} - G(A)\frac{dq}{dS} \tag{4.5}$$

其中，$P_r L_r^{\theta_1} A^{\theta_2} K^{\theta_3}\dfrac{dh}{dS}$ 表示农业经营带来的预期边际收入；$G(A)\dfrac{dq}{dS}$ 表示农户离地带来的预期边际损失。可见，$\dfrac{\partial V}{\partial S}$ 的符号取决于 $P_r L_r^{\theta_1} A^{\theta_2} K^{\theta_3}\dfrac{dh}{dS}$ 和 $G(A)\dfrac{dq}{dS}$ 绝对值的大小。即农地权能禀赋对劳动力配置的影响取决于农地权能完善对于务工收益和离地损失边际影响的相对大小。

4.2　农地权能禀赋、产权认知、农户行为与农民收入

4.2.1　农地权能禀赋影响农民收入的事实路径与检验路径

基于以上分析，本书认为农地权能禀赋影响农民收入的事实路径，如图4-2所示。

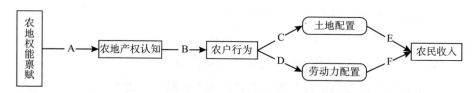

图4-2　农地权能禀赋影响农民收入的事实路径

第4.1节长效机理部分的分析表明，理论上农地权能禀赋影响农地产权认知成立，现实中农地权能禀赋的变化依法律和政策变化，对农地产权认知这个慢变量产生缓慢影响。而本书采用了单一年份的微观数据，不具备

从实证角度验证权能禀赋影响产权认知的条件。基于这样的客观事实,本书的检验路径从农地产权认知开始,检验农地产权认知通过农户行为对农民收入的影响。为对检验路径做出区分,以下行文中称该检验路径为主路径,如图 4-3 所示。

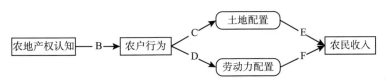

图 4-3 主路径:农户产权认知影响农民收入

据此,本书提出第一个假说:

H1:农地产权认知对农民收入产生影响。

一般来说,农户认为农地权能越完整、越受保护,就越能在收入最大化条件下进行有效的要素配置,从而获得最大收入。图 4-3 也给出了农户行为影响农民收入的两条具体路径,包括:农户的土地配置行为影响农民收入,以及农户的劳动力配置行为影响农民收入。主路径表明,农户行为是农地产权认知和农民收入之间的重要连接。它可能对农地产权认知与农民收入的关系产生两种影响:中介效应和调节效应。

4.2.2 农地产权认知影响农民收入:农户行为的中介效应

中介效应指的是在 X 对 Y 的影响中存在着中间路径 M。本节引入农户行为这一中介变量来分析农地产权认知对农民收入的影响路径(见图 4-4),表现为:首先,农地产权认知影响农户行为;其次,农户行为影响农民收入;最后,通过农户行为实现农地产权认知对农民收入的影响。这里 X 为农地产权认知,M 为要素配置行为,Y 为农民收入。

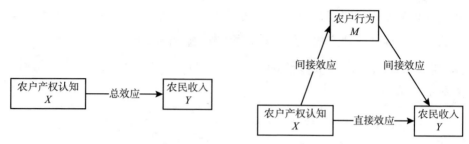

图4-4 农户行为中介效应模型

据此，提出第二和第三个假说：

H2：土地流动在农地产权认知与农民收入的关系中具有中介作用。

H3：劳动力流动在农地产权认知与农民收入的关系中具有中介作用。

4.2.3 农地产权认知影响农民收入：农户行为的调节效应

调节效应是指，如果农民收入 Y 与产权 X 的关系是农户行为 M 的函数，那么 M 就是调节变量，即农户行为可以影响到农地产权认知与农民收入两者间的关系。这里，引入农户行为这一调节变量，分析农地产权认知对农民收入的影响（见图4-5）。土地或劳动力配置的调节作用可以以两种方式产生：其一，要素配置行为可以在一定程度上影响农地产权认知影响农民收入的强度；其二，影响农地产权认知影响农民收入的方向。

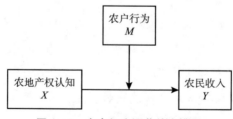

图4-5 农户行为调节效应模型

据此，提出第四和第五个假说：

H4：土地流动在农地产权认知与农民收入的关系中具有调节作用。

H5：劳动力流动在农地产权认知与农民收入的关系中具有调节作用。

4.3 土地配置行为影响农地经营效率的路径

4.3.1 土地流转影响农地经营效率

4.3.1.1 子路径

在农户产权认知影响农民收入的主路径中，有两条关于农户行为与农民收入的子路径（见图 4-3），路径 E：土地配置影响农民收入；路径 F：劳动力配置影响农民收入。路径 F 中劳动力配置对农民收入的影响是非常直接的，农户家庭有 1 位劳动力从事非农劳动或其他经营性活动，收入中就增加非农的务工收入或其他经营性收入，天然成立，不需要经验证据支持。路径 E 的影响就比较复杂。

路径 E 中，土地配置行为促进农民增收是基于农地流转市场的两端连接着农地转入农户与农地转出农户，继而影响农户的土地与劳动力要素配置行为。对转入方来说，土地规模化经营，平均成本降低，提升农业经营性收入；转入土地后可通过土地入股，获得股金分红和工资性收入以及盈余返还收入；还可获得种粮直补、农机购置补贴等转移性收入。对转出方来说，流转土地经营权，可获得财产性收入；释放劳动力从事非农生产，获得务工收入；利用土地租金等收入开展非农经营活动，获得经营性收入等。土地配置行为影响农民收入的路径如图 4-6 所示。

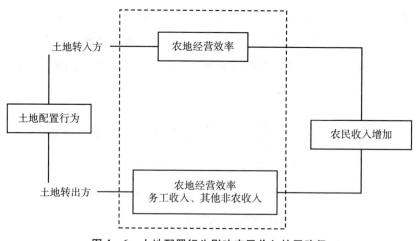

图 4 - 6　土地配置行为影响农民收入的子路径

4.3.1.2　从农民收入到农地经营效率

从图 4 - 6 可以看出，土地要素配置行为影响农业收入，继而影响农民收入。不过，农业收入不仅受配置效率的影响，而且受到农产品价格、农业生产结构等因素影响，这种影响在截面上更加突出。因此，分析农户要素配置行为对农业收入的影响似乎不太准确。

基于此，本研究的关注点由农民收入调整为农地经营效率。土地流转行为之所以影响农地经营效率，一个有力的解释是：农地流转使得土地要素在更大范围内得到优化，通过土地集中产生的规模效应和分工引致的专业化效应改进农地经营效率。规模效应和专业化效应的具体解释如下。

4.3.2　规模效应与专业化效应

4.3.2.1　规模效应

在家庭联产承包责任制下，我国大部分地区采取了好坏远近搭配、按人口均分的土地分配方式，虽然极大程度地解放了生产力，但也造成了土地严重的细碎化和分散化。就全国来看，2012 年户均耕地 10.02 亩，户均承包 5.01 块，平均地片面积仅为 2 亩，1 亩以下的地块数户均达到 2.8 块，5 亩以上的地块数仅占 0.35 块；只有 1 块土地的农户占比仅为 7.63%，四块以上的农户占比达到 54.52%[①]。

土地的细碎化和分散化严重影响了大型机械使用，阻碍了农地经营效率提高。土地流转为土地的连片化、集中化和规模化经营提供了可能，不仅有助于改善土地细碎化、分散化和小规模经营的状况，降低农业平均生产成本，产生规模效应；而且农业生产扩大化也有助于改善不同生产要素之间的协调效率，能最大程度地发挥生产力，有利于引进和使用更先进的农业机械和技术，变革生产方式，从而更大程度地提高生产效率。

4.3.2.2 专业化效应

土地流转使得耕地的经营权在行为能力和决策偏好不同的主体之间重新安排，有利于农户根据自身禀赋条件、比较优势参与分工活动并产生专业化分工效率。对农业生产具有比较优势的农户来说，转入更多的土地，有助于其充分发挥先进生产技术、有效田间管理或种苗品种好等优势，促进形成规模经营效益，提高生产效率。而对于具有非农比较优势的农户来说，通过转出多余、低效的土地，减少冗余要素投入，有利于提高剩余土地和其他生产要素的匹配度，降低农业经营的平均成本，提高农地经营效率。

4.3.3 土地流转影响农地经营效率的路径

受城乡二元结构和农村要素市场不完善制约，农业生产要素错配现象普遍存在（朱喜等，2011；陈训波，2012）。农业上的要素错配，是指因土地、劳动力等生产要素价格扭曲，导致过量资源被相对低效率农产品或农户使用

---

① 根据 2012 年全国农村固定观测点数据整理。

的经济现象。家庭联产承包责任制下实行的按人口平均分配土地，不仅未考虑到不同能力的农户在农地经营效率上的差异，也直接导致土地在农户间平均分配，忽视了资源配置的有效性。进一步说，土地均分也不利于农户根据自身在农业和非农领域的优势合理分配劳动力，强制将劳动力与土地捆绑，造成劳动力资源配置效率低下。

劳动力和土地资源的错配不仅直接造成农业产出损失，而且还扭曲微观主体的决策，降低农业总效率（郑宏运等，2019）。纠正要素错配，可在不增加生产投入的前提下改进农地经营效率。从本质上讲，土地流转就是土地要素实现再配置的过程。在这一过程中，土地从边际产出低的经营主体向更高的主体配置，有助于改善土地错配状况。与此同时，土地流转市场的发育完善也使得农户可以在保留土地使用权的基础上，将劳动力与农地解绑，实现退出农业经营，进一步优化劳动力配置。

综合以上分析，可以得到土地流转影响农地经营效率的路径示意图，以下行文称为"子路径"，如图4-7所示。

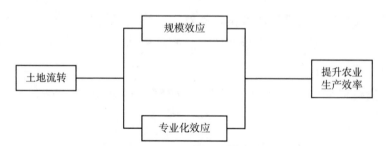

图4-7 子路径：土地流转影响农地经营效率

据此，提出第六至第八个假说：

H6：土地流转提升农地经营效率。

H7：土地流转具有规模效应。

H8：土地流转具有专业化效应。

4.4 其他影响因素选择

农户收入受制于农户行为的约束，农户对土地和劳动力的配置依赖于农地产权认知。除此以外，农户个体行为还受到多种因素制约。根据农户生产活动中的"理性经济人"假设，农户决策行为是依据自身价值预期，追求自身效用最大化做出的行为选择。同时，根据计划行为理论（theory of planned behavior，TPB），除了行为态度和规范等因素外，感知行为控制也是决定行为意向的主要变量。因此，农户决策行为受到农户自身特征、自然环境、社会经济环境等综合因素的影响。

4.4.1 农户特征因素

农户特征主要包括年龄、性别、家庭总人口、抚养比、受教育水平及家庭财富等。首先，一般情况下，户主越年轻、家庭总人口越多、受教育水平越高、家庭财富越多，越愿意扩大农地经营规模，土地转入的愿望和能力就越强。恰亚诺夫（1996）认为，家庭规模和结构决定了农户经济活动总量，其作用机理在于维持需求的满足程度和劳动的辛苦程度之间的均衡。这表明，家庭总人口和劳动力数量是影响农业经营规模的重要因素。但也有可能在比较收益情况下，户主越年轻、家庭总人口越多、受教育水平越高，生活基本成本就越高，农户越倾向于非农就业，农业投入就越少。其次，一般情况下，农户家庭财富越多，意味着更多的资本投入，更易于采用新技术进行持续性农业生产，耕作更方便。但是，家庭财富越多，可能对农户持续性生产投入具有支撑作用，但也可能由于财富较多来自非农收入，形成收入上的路径依赖，从而降低农户在农地上的持续性生产投入。

4.4.2　农地特征因素

农地特征主要包括农地的田地比、土壤肥力以及农地地形地貌等土地利用条件。农业生产风险大，具有很大的不确定性，农地资源制约特征尤为突出。第一，水资源的稀缺程度影响农户土地利用行为（韩青、谭向勇，2004）。一般情况下，灌溉条件越差，农户越倾向于选择节水型土地利用行为。水资源是否丰沛也对农户用地行为产生影响。也有研究认为，随着当地水资源供给增加、灌溉条件改善，农户用地行为受水资源的约束逐渐减小，用水量会增加（韩青、袁学国，2011）。第二，土壤质量影响农户土地利用行为。在土地资源稀缺和家庭供养人口较多的前提下，土壤质量越高，农户生产性投入就越大。有研究表明，耕地质量是土地生产率的决定性因素（辛良杰等，2009）。土地经营规模与生产率水平在某些地方呈负向联系，但如果将土地肥力考虑在内，这种负向关系明显减弱，甚至消失（Newell et al.，1997）。第三，农地地形地貌也影响农户土地利用行为。一般情况下，地块平整、集聚、离家近，会增加农业持续性生产投入（Wopereis et al.，2006）。

4.4.3　经济社会环境

经济社会环境因素主要包括农业种养殖技术供给及服务、农产品市场、信贷等社会服务体系等。第一，农业种养殖技术的配套程度。主要包括是否有适宜的技术供给，是否有完善的技术推广示范、技术培训及跟踪服务体系。适合本地农业生产特点和农户生产需求的技术及完备的配套体系能够为农户持续性生产提供技术支撑，从而提高农户土地资源配置的效率。第二，农产品市场。一般情况下，农产品市场越发达，农产品价格越市场化，越利于农户调整农业经营结构，采用新的农作物品种，提高农户持续性投入的积极性。第三，信贷。由于规模化、现代化农业生产需要投入大量资金，资金短缺是影响农民投资积极性及制约农地经营效率的重要因素，因此，农户越具有信贷需求或者认为比较容易取得农业贷款，越有利于促进农户持续性生产。

4.5 本章小结

本章讨论了农地权能禀赋影响农户收入的机制与路径，为下文实证检验提供分析框架，本章由四个部分组成。

第一，作用机制。农地权能禀赋的变迁影响农地产权认知，农地产权认知影响农户要素配置行为。本章从理论上讨论了农地权能禀赋如何影响土地要素和劳动力要素的配置行为。

第二，主路径分析。农地权能禀赋影响产权认知，继而影响农户行为，最后影响农民收入。不过，在某一特定时间截面里，农地权能禀赋变迁不明显，故其对农地产权认知的影响也无法量化。因此，本书实证检验的主路径为：农地产权认知通过农户行为影响农民收入，这种影响路径可能具有中介效应，也可能具有调节效应。

第三，子路径分析。农户的劳动力配置行为对收入的影响非常直接，无须实证检验。其土地配置行为影响农业收入，由于农业收入受多种因素影响，不便讨论，仅讨论土地配置对农地经营效率的影响。土地流转行为具有规模效应和专业化效应，所以影响农地经营效率。

第四，其他影响因素选择。本书的协变量包括了农户特征、土地特征和经济社会环境等。

通过本章的理论分析，本书提出了八个假说，将在第 7~8 章中陆续进行检验。第 7 章检验子路径，即假说 H6~假说 H8，第 8 章检验主路径，即假说 H1~假说 H5。

H1：农地产权认知对农民收入产生影响。

H2：土地流动在农地产权认知与农民收入的关系中具有中介作用。

H3：劳动力流动在农地产权认知与农民收入的关系中具有中介作用。

H4：土地流动在农地产权认知与农民收入的关系中具有调节作用。

H5：劳动力流动在农地产权认知与农民收入的关系中具有调节作用。

H6：土地流转提升农地经营效率。

H7：土地流转具有规模效应。

H8：土地流转具有专业化效应。

微观调查的问卷设计和过程组织对调查数据质量有重大影响。本书使用的两份调查问卷见附录。本章主要介绍了调查的组织及相关数据，对本书的关键变量做了分析。

5.1 田野调查组织

为了对第 4 章提出的研究假说进行实证检验，判断农地产权禀赋对农民收入的具体影响，课题组于 2015 年 12 月至 2016 年 6 月在云南农村分四次组织了田野调查，访谈村干部和农民，填写调查问卷，收集农户家庭信息。研究设计了两份问卷，一份是村庄调查问卷（见附录 1），用于收集村干部和村集体关于村庄土地管理方面的信息，以村干部为调查对象；另一份是农户调查问卷（见附录 2），用于收集农户家庭相关信息，以农户为调查对象。

5.1.1 调查地点选取

本次田野调查选择在云南省完成，有两个原因。一是课题组主要成员在云南工作，熟悉情况，便于调查活动的组织和协调；二是时间和经费有限，不足以支持在其他省份开展田野调查。由于我国的农村改革分省进行，地区间在制度创新上差异性较大，仅在云南地区收集农户微观数据，有可能影响研究结论的适用性。

田野调查采取分层随机抽样的方法，按照行政区划由高到低对州市、县、乡（镇）和行政村进行筛选。从地理位置看，样本覆盖了滇东（红河州）、滇西（大理州）和滇中（昆明市）3个地区。虽然样本的选取还不足以反映云南省农户行为的全貌，但已经能反映出农户在地区之间的行为差异。从经济发展水平看，样本对高、中、低地区均有覆盖。6个县在全省129个县（市区）按照人均生产总值由高到低排序分别为（2015年底）：第32位（嵩明县25810元）、第41位（祥云县22747元）、第45位（宾川县22345元）、第99位（寻甸县13999元）、第123位（金平县8872元）和第128位（红河县7927元）。具体分布情况，如表5-1所示。6个县按农村人均纯收入排位也大致如此。因此，调查地区的选取无论从地理位置上还是从经济发展水平上，都对云南省有一定的代表性，能够反映出云南省不同地区的差异性。这对于研究农户行为尤其重要，因为农户行为不仅受到自然环境和农作传统的制约，也受到经济发展规律的支配。

表5-1　调查地区的人均生产总值、农村居民纯收入和调查农户分布

州市/县	人均生产总值		农村人均纯收入		有效农户问卷	
	金额（元）	排名	金额（元）	排名	样本数（位）	占样本总量的比重（%）
昆明市	52094	1/16	9723	1/16	336	34.85
寻甸县	13999	99/129	5630	78/129	154	15.98
嵩明县	25810	32/129	9260	17/129	182	18.88
大理州	21727	6/16	6677	5/16	354	36.72
祥云县	22747	41/129	6713	39/129	219	22.72
宾川县	22345	45/129	7100	35/129	135	14.00

续表

州市/县	人均生产总值		农村人均纯收入		有效农户问卷	
	金额（元）	排名	金额（元）	排名	样本数（位）	占样本总量的比重（%）
红河州	22442	7/16	6368	6/16	269	27.90
红河县	7927	128/129	3707	119/129	118	12.24
金平县	8872	123/129	3644	121/129	151	15.66
云南省	25083		6141		959	100.00

注：根据《云南统计年鉴（2016）》整理。

表5-1给出了有效农户的分布情况。课题组在云南省3个地区发放问卷1004份，其中昆明市调查了352位农户（寻甸县159位、嵩明县193位），回收有效问卷336份，有效率95.45%；大理州调查了365位农户（祥云县228位、宾川县137位），回收有效问卷354份，有效率96.98%；红河州调查了287位农户（红河县127位、金平县160位），回收有效问卷269份，有效率93.72%。3个地区问卷回收有效率都超过了90%，说明问卷设置合理，调查组织有序。

5.1.2 调查人员培训

调查地点明确后，课题组在学校公开招募云南籍或熟悉云南方言的研究生和本科生作为调查员。对自愿报名的学生组织初步筛选和调查技能培训，培训结束后采用笔试和情景模拟两种方式对学生组织考核和二次筛选。每次到达调查地点后，对调查员组织第三轮培训，随后由当地村干部带入农户家开展调查。田野调查的6个县常用语言都不是少数语言，云南方言的地区差异不大，云南籍和川贵籍学生均可与农户开展方言交流，课题组招募的调查员与农户交流上无语言障碍。每一位调查员至少参与 3 轮调查培训，确保调查员熟悉问卷内容，熟知调查礼仪，在调查过程中能亲切地与受访者展开交谈，获得有效数据。

除课题组成员外，共有 28 名学生（本科生 23 人、研究生 5 人）参与了田野调查，部分学生还参与了数据录入。

5.2 农户特征

5.2.1 受访者情况

除了调查员的选择和培训之外，访谈对象的选取也是确保调查获得准确和完整信息的关键。优质的访谈对象需要同时具备三个条件：一是支持和配合调查，愿意提供家庭相关信息；二是具备沟通交流能力，保证访谈顺利进行；三是掌握农村和家庭经营情况，能够准确回答问卷。在田野调查中，课题组要求调查员尽量选择满足这三个条件的农民进行访谈，填写问卷。从被调查者的信息来看，这三个标准得到了较好的执行。

从年龄分布来看（见图 5 - 1），被调查者中年龄最小为 18 岁，最大为 85 岁，平均年龄 48.69 岁。从年龄分布来看，年龄在 18 ~ 30 岁的受访者有 70 人，占 7.30%；年龄在 31 ~ 40 岁的受访者有 188 人，占 19.60%；年龄在 41 ~ 50 岁的受访者有 304 人，占 31.70%；年龄在 51 ~ 60 岁的受访者有 235 人，占 24.50%；年龄在 61 ~ 70 岁的受访者有 118 人，占 12.30%；年龄在 71 ~ 85 岁的受访者有 44 人，占 4.59%。被调查者的年龄整体上呈正态分布。另外，受访者中男性有 552 人，占样本量的 57.56%；女性有 407 人，占样本量的 42.44%；男性比女性略多。

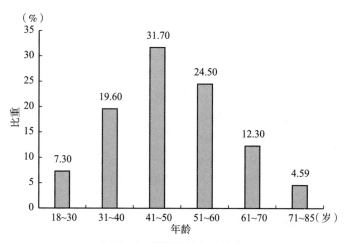

图 5-1 受访者的年龄分布

从被调查者的受教育水平来看（见图 5-2），未受过学校教育的受访者有 205 人，占 21.38%；接受了小学教育的受访者有 394 人，占 41.08%；接受了初中教育的受访者有 305 人，占 31.80%；接受了高中教育的受访者有 45 人，占 4.69%；接受了大专教育的受访者有 9 人，占 0.94%；接受了本科及以上教育的受访者仅 1 人，占 0.10%。超过 94% 的受访者受教育程度在初中及以下，基本符合农民群体的受教育结构。

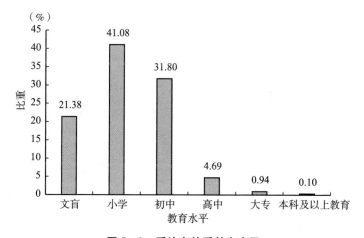

图 5-2 受访者的受教育水平

从被调查者的家庭身份来看（见图 5-3），户主本人有 546 人，占 56.93%；户主的配偶有 279 人，占 29.09%；户主的子女有 60 人，占 6.26%；户主的父母有 67 人，占 6.99%；非本人、配偶、子女及父母的有 7 人，占 0.73%。户主及配偶是农户家庭行为的核心成员，对家庭信息的掌握全面、准确。受访者为户主及配偶的群体占样本总量的 86.03%，能保证数据具有较好的准确性。

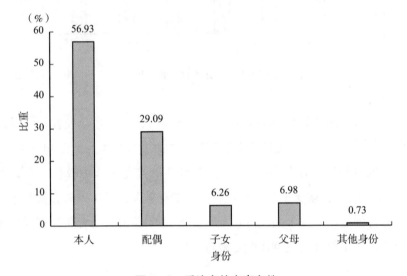

图 5-3　受访者的家庭身份

受访者的人口学信息和家庭身份表明，受访者是农村经济活动的主要参与者，是农户家庭行为的主要决策者。因此，受访者提供的信息应该比较准确，能较好地反应农户的家庭情况和经济行为。两两比较不同地区受访者的年龄，昆明市与大理州无差异，红河州较两地都年轻（p<0.01）；在性别上，昆明市较大理州和红河州都更向男性集中（p<0.01），大理州较红河州向男性集中（p<0.01）；在受教育水平上，昆明市与大理州无差异，两地的受访者都较红河州更高些（p<0.05）；比较不同地区受访者是否是家庭核心成员，结果显示昆明市、大理州、红河州无差异。

5.2.2　户主特征

户主是农户的一家之主，是农户家庭的经营者和决策者，是农户参与经济社会活动的重要代表。课题组在问卷中设置了户主特征的相关问题，了解户主的人口学特征和经济社会特征，用以判断户主特征对其经济社会活动的影响。

表 5-2 给出了户主的年龄、性别和民族结构。从年龄分布来看，户主年龄最小为 18 岁，最大为 80 岁，平均年龄 48.14 岁。其中，8~30 岁有 48 人，占样本总量的 5.01%；31~40 岁有 196 人，占总量的 20.44%；41~50 岁有 348 人，占 36.29%；51~60 岁有 242 人，占 25.23%；60 岁以上的有 125 人，占 13.03%。户主的年龄分布呈现两头小、中间大的正态分布特征。两两比较不同地区户主的年龄，昆明市与大理州无差异，红河州的户主明显较昆明市和大理州更年轻（p < 0.01）。从性别分布来看，户主中男性有 877 人，占样本总量的 91.45%；女性有 82 人，占总量的 8.55%。从户主性别来看，农村男权优势十分显著。两两比较不同地区户主的性别，昆明市与大理州无差异，红河州的户主性别较昆明市和大理州更向男性集中（p < 0.01）。从民族分布来看，户主中汉族有 647 人，占样本总量的 67.47%；少数民族

表 5-2						户主的人口学特征			单位：%
地区	年龄					性别		民族	
	18~30 岁	31~40 岁	41~50 岁	51~60 岁	61~80 岁	男性	女性	汉族	少数民族
昆明市	3.57	18.45	35.42	27.68	14.88	89.58	10.42	96.73	3.27
大理州	3.67	20.34	37.01	23.73	15.25	90.11	9.89	70.90	29.10
红河州	8.55	23.05	36.43	24.16	7.81	95.54	4.46	26.39	73.61
总体	5.01	20.44	36.29	25.23	13.03	91.45	8.55	67.47	32.53

有312人，占总量的32.53%。云南省是多民族聚居省份，如大理白族自治州、红河哈尼族彝族自治州，因而样本中少数民族户主比重较高。两两比较不同地区户主的民族属性，昆明市较大理州和红河州显著地向汉族集中（$p < 0.01$），红河州较昆明市和大理州显著地向少数民族集中（$p < 0.01$）。

表5-3给出了户主的受教育程度。从受教育程度的分布来看，未受教育的有130人，占样本总量的13.56%；受小学教育的有430人，占总量的44.84%；受初中教育的有345人，占35.97%；受高中（包括中专）教育的有44人，占4.59%；受大专及以上教育的有10人，占1.04%。户主的受教育水平普遍偏低，完成义务教育的仅为四成。两两比较不同地区户主的受教育水平，昆明市与大理州无差异，红河州较昆明市和大理州显著地偏低（$p < 0.01$）。

表5-3 户主的社会经济特征 单位：%

地区	受教育程度					
	文盲	小学	初中	高中（中专）	大专	本科及以上
昆明市	10.71	39.88	42.86	5.06	1.19	0.30
大理州	9.32	47.18	38.14	5.08	0.28	0.00
红河州	22.68	47.96	24.54	3.35	1.49	0.00
总体	13.56	44.84	35.96	4.59	0.94	0.10

5.2.3 农户家庭特征

除了户主的人口学特征和经济社会特征会影响农户经济行为外，农户的家庭特征也会影响其行为，因此课题组设置了问题了解农户家庭情况，包括家庭的抚养情况、固定资产情况和是否为建档立卡贫困户以及家庭的社会网络。

表5-4给出了农户的家庭抚养情况。样本农户户均人口有4.93人，其中户均劳动力2.72人、负担人口2.21人；劳动力总抚养比为0.81，其中少

儿抚养比为 0.38、老年抚养比为 0.31，抚养负担较全国同期高出不少①。分地区来看，昆明市户均人口 4.90 人，其中户均劳动力 2.57 人、上学孩子 1.03 人、老人 0.87 人；劳动力总抚养比 0.91，少儿抚养比 0.40，老人抚养比 0.34。大理州户均人口 4.89 人，其中户均劳动力 2.73 人、上学孩子 1.01 人、老人 0.91 人；劳动力总抚养比 0.79，少儿抚养比 0.37，老人抚养比 0.33。红河州户均人口 5.05 人，其中户均劳动力 2.87 人、上学孩子 1.03 人、老人 0.71 人；劳动力总抚养比 0.76，少儿抚养比 0.36，老人抚养比 0.25。两两比较不同地区的家庭抚养情况，三个地区在少儿抚养比上无显著差异；在老年抚养比上，昆明市与大理州无显著差异，红河州较其他两个地区显著低（$p < 0.01$）。

表 5 – 4　　　　　　　　　　　　　家庭抚养情况　　　　　　　　　　单位：人/户

地区	家庭人口	劳动力	负担人口		
			上学孩子	老人	其他
昆明市	4.90	2.57	1.03	0.87	0.43
大理州	4.89	2.73	1.01	0.91	0.24
红河州	5.05	2.87	1.03	0.71	0.44
总体	4.93	2.72	1.03	0.84	0.34

表 5 – 5 给出了农户的房屋情况和贫困情况。样本农户户均房屋面积为 168.78 平方米，户均 1.66 层，其中土木结构占 37.04%、砖混结构占 44.54%、框架结构占 18.42%。分地区来说，昆明市户均房屋面积为 179.95 平方米，户均 1.85 层，其中土木结构占 22.94%、砖混结构占 61.77%、框架结构占 15.29%。大理州户均房屋面积为 193.88 平方米，户均 1.59 层，其中土木结构占 51.31%、砖混结构占 26.82%、框架结构占 21.87%。红河州

---

① 根据《中国统计年鉴（2016）》相关数据计算，2015 年总抚养比为 0.37，其中少儿抚养比为 0.23，老年抚养比为 0.14。

户均房屋面积为 121.52 平方米，户均 1.51 层，其中土木结构占 36.23%、砖混结构占 46.04%、框架结构占 17.74%。

表 5 - 5　　　　　　　　　家庭房屋情况和贫困户比重

地区	面积（平方米）	层数（层）	结构（%）			贫困率（%）
			土木	混砖	框架	
昆明市	179.95	1.85	22.94	61.77	15.29	18.02
大理州	193.88	1.59	51.31	26.82	21.87	9.89
红河州	121.52	1.51	36.23	46.04	17.74	29.85
总体	168.78	1.66	37.04	44.54	18.42	18.32

样本中建档立卡贫困户有 175 户，贫困率为 18.32%，其中昆明市贫困率为 18.02%，大理州为 9.89%，红河州为 29.85%。从房屋面积和贫困率来看，三个地区经济情况从高到低分别为：大理州、昆明市和红河州。两两比较不同地区的房屋情况，昆明市与大理州在面积上无显著差异，红河州较其他两个地区显著小（$p < 0.01$），这与三个地区的经济发展水平一致；就房屋结构而言，大理州和红河州无差异，昆明市与其他两个地区有差异（$p < 0.05$），这可能与户主的民族属性相关。

表 5 - 6 给出了农户的社会网络结构。课题组在问卷中设置了"家庭是否有人在村委会及以上的政府机构任职"和"家庭与村干部的关系如何"两个问题。从调查结果来看，样本农户中 9.38% 的家庭有人在政府机构任职，7.64% 的家庭自评与村干部关系糟糕，仅 24.36% 的家庭自评与村干部关系融洽。分地区来看，昆明市有 9.64% 的家庭有人在政府机构任职；有 8.42% 的家庭自评与村干部关系糟糕，有 67.02% 的家庭自评与村干部关系一般，有 24.56% 的家庭自评与村干部关系融洽。大理州有 10.26% 的家庭有人在政府机构任职；有 6.87% 的家庭自评与村干部关系糟糕，有 69.85% 的家庭自评与村干部关系一般，有 23.28% 的家庭自评与村干部关系融洽。红河州有 5.74% 的家庭有人在政府机构任职；有 7.80% 的家庭自评与村干部关系糟

糕，有 66.34% 的家庭自评与村干部关系一般，有 25.85% 的家庭自评与村干部关系融洽。从家庭任职情况和家庭关系来看，昆明市、大理州、红河州三个地区均无差异。

表 5 - 6　　　　　　　　　　家庭社会网络　　　　　　　　　单位：%

地区	家庭是否有人在村委会及以上的政府机构任职		家庭与村干部的关系如何		
	是	否	糟糕	一般	融洽
昆明市	9.64	90.36	8.42	67.02	24.56
大理州	10.26	89.74	6.87	69.85	23.28
红河州	5.74	94.26	7.80	66.34	25.85
总体	9.38	90.62	7.64	68.00	24.36

5.3　农地情况

5.3.1　农地基本情况

人多地少是中国的基本国情，小农经济是农业生产的基本格局。为了解云南省农户土地的基本情况，课题组在调查问卷中设置了详细问题询问农民承包土地的具体信息，包括承包地中耕地和园地的面积、地块的具体分布、各地块的面积、离家距离等。云南省境内高山绵延、河流纵横，地势高低不平，耕地绝大部分是位于山腰的坡地，灌溉条件较差，只有少部分耕地位于河谷地带，水利条件较好。云南省农民把能灌溉的耕地称为"田"，把不能灌溉的耕地称为"地"，笔者在调查中沿用了这种名称和分类，询问了地块的"田/地"属性。云南省因气候、生物、地质等因素相互作用，形成了多种土壤类型，其中 50% 为较为贫瘠的红壤，呈弱酸性，有机质较低，不利于大部分作物的生长。土壤的肥沃程度影响农地的经营效率，因而在笔者在问卷中设置了关于土壤质量的问题："好/中/差"，分别询问耕地和园地的土壤。地块的属性和土壤质量情况，如表5-7所示。

表5-7 地块的属性和土壤质量 单位:%

地区	性质		耕地土壤			园地土壤		
	耕地	园地	好	中	差	好	中	差
昆明市	97.15	2.85	38.96	51.61	9.42	31.43	57.14	11.43
大理州	89.35	10.65	35.69	36.27	28.04	57.02	21.93	21.05
红河州	89.26	10.74	28.93	38.29	32.78	30.68	30.68	38.64
总体	92.31	7.69	35.33	42.95	21.72	43.46	30.38	26.16

课题组在昆明市、大理州、红河州三个地区一共调研了959户农户，共计3223块地块。调查地区总体来说以耕地为主，耕地占了92.31%，园地仅占了7.69%。其中昆明耕地比重最高，达到97.15%；大理州与红河州较为相近，大理州耕地比重为89.35%，红河州为89.26%。就土壤质量而言，耕地中肥沃（好）土壤占35.33%，中等（中）土壤占42.95%，贫瘠（差）土壤占21.72%。分地区来说，昆明市耕地土壤条件最好，肥沃土地占38.96%；红河州耕地土壤条件最差，肥沃土地仅占28.93%；大理州居中，肥沃土地占35.69%。就园地土壤质量而言，肥沃土地占43.46%，中等土地占30.38%，贫瘠土地占26.16%。分地区来说，大理州园地土壤条件最好，肥沃土地占57.02%；红河州地区园地土壤条件最差，肥沃土地仅占30.68%；昆明市居中，肥沃土地占31.43%。

地块信息仅能描述地区地块情况，无法描述以农户家庭承包土地的具体禀赋，故而笔者以农户为单位，识别农户的土地禀赋信息，详见表5-8至表5-10。表5-8描述了农户地片的规模和分布，包括农户的土地片数、总面积、地片面积和离家距离，以及耕地、园地的面积比。

表5-8给出了调查农户地片的基本情况，用以描述耕地的分散程度。就

总体而言, 户均承包土地 3.36 片, 户均土地面积 7.37 亩, 平均每片土地 2.43 亩, 承包地离家距离 1838.96 米, 承包地中耕地为多, 耕地面积占比 92.36%。分地区来看, 昆明市户均承包土地 3.66 片; 户均承包总面积为 5.14 亩, 为三个地区最低; 平均每片承包地约 1.45 亩, 土地最分散; 承包地通行距离最短, 平均离家距离约为 1324.75 米; 承包地中耕地比例最高, 达到 97.54%。大理州户均承包土地 3.29 片; 户均承包面积居中, 为 5.19 亩; 平均每片承包地约 1.69 亩, 土地分散度也居中; 承包地通行距离居中, 离家距离约为 1436.27 米; 承包地中耕地比例也居中, 为 90.32%。红河州户均承包土地为 3.08 片; 户均承包面积最大, 达 13.01 亩; 土地最集中, 平均每片承包地约 4.61 亩; 承包地通行距离最远, 平均离家距离约为 3020.95 米; 承包地中耕地比例最低, 为 88.57%。

表 5 – 8   农户地片的分布

地区	地片数量 (片)	总面积 (亩)	地片面积 (亩/片)	平均离家距离 (米)	耕地面积比 (%)
昆明市	3.66	5.14	1.45	1324.75	97.54
大理州	3.29	5.19	1.69	1436.27	90.32
红河州	3.08	13.01	4.61	3020.95	88.57
总体	3.36	7.37	2.43	1838.96	92.36

表 5 – 9 给出了农户承包土地的耕地和园地的分散程度、灌溉条件和土地质量。笔者将土壤质量"好"赋值为 1, "中"赋值为 2, "差"赋值为 3, 因此土壤质量指标越高, 表示土壤越贫瘠。样本农户户均耕地 3.10 片, 平均每片地约 2.36 亩, 土壤质量约 1.86, 土壤不肥沃, 耕地中水田仅占 43.45%, 灌溉条件较好; 农户户均园地 0.26 片, 平均每片地约 4.00 亩, 土壤质量约 1.86, 土壤不肥沃, 农户中仅有 15.35% 承包了园地。分地区来看, 昆明市农户户均耕地 3.56 片, 平均每片耕地约 1.44 亩, 耕地最分散, 土壤最肥沃, 耕地中水田占 41.90%; 户均园地最少, 为 0.10 片, 平

均每片园地 1.60 亩,园地最分散,土壤质量居中,农户中仅有 7.62% 承包了园地,园地承包率最低。大理州农户户均耕地 2.94 片,平均每片耕地约 1.67 亩,分散程度居中,土壤质量也居中,耕地中水田比率最高,达 49.23%;户均园地最多,为 0.35 片,平均每片园地 2.71 亩,园地分散程度居中,土壤最肥沃,农户中有 18.08% 承包了园地,园地承包率居中。红河州农户户均耕地 2.75 片,平均每片耕地约 4.43 亩,耕地最集中,土壤最贫瘠,耕地中水田占 37.80%;户均园地居中,为 0.33 片,平均每片园地 6.51 亩,园地最集中,土壤最贫瘠,农户中有 21.56% 承包了园地,园地承包率最高。

表 5 - 9　　　　　　　　　耕地和园地的分散程度、灌溉条件、土壤质量

地区	耕地				园地			
	地片 (亩)	地片面积 (亩/片)	土壤	灌溉 (%)	片数 (片)	地片面积 (亩/片)	土壤	有园地农户 (%)
昆明市	3.56	1.44	1.69	41.90	0.10	1.60	1.75	7.62
大理州	2.94	1.67	1.88	49.23	0.35	2.71	1.72	18.08
红河州	2.75	4.43	2.04	37.80	0.33	6.51	2.05	21.56
总体	3.10	2.36	1.86	43.45	0.26	4.00	1.86	15.35

对农户来讲,耕地是其承包的主要土地,占总承包面积的 92.4%,表 5 - 10 给出了农户耕地的规模、地片和地块分布。从耕地的分配来看,户均耕地面积为 6.45 亩,较全国平均水平略低[1],远低于世界和亚洲平均水平[2]。其中家庭耕地面积不超过 2 亩的农户占 21.79%,耕地面积 2~4 亩的农户占 32.22%,4~6 亩的农户占 16.06%,6~8 亩的农户占 8.55%,8~10 亩的农户占 7.72%,10 亩以上的农户占 13.66%。这说明耕地在农户之间的分配并

---

[1]　农村固定观察点调查数据显示,2012 年全国每农户平均经营耕地 7.16 亩。

[2]　2010 年全球人均耕地占有量 4.2 亩,亚洲人均 2.55 亩,按照第五章显示本次调研的户均人口规模 4.99 人/户计算,云南人均耕地 1.29 亩,远低于全球和亚洲平均水平。

不平均，农户之间的耕地面积差异较大。差异大的一个重要原因是自实行家庭联产承包责任制以来，云南省的耕地甚少在农户之间重新调整。即使在第二轮土地承包时，调整的面积和范围也比较有限。分地区来看，昆明市户均承包耕地面积5.00亩，其中承包2~4亩的农户占比最大，达到41.07%；大理州户均承包耕地面积为4.33亩，其中承包不超过2亩和2~4亩的农户占比较大，分别为34.75%和35.03%；红河州户均承包耕地面积11.08亩，其中承包10亩以上的农户占比最大，达到30.48%。两两比较不同地区的户均耕地情况，昆明市户均耕地远低于大理州（p<0.01），大理州户均耕地远低于红河州（p<0.01）。

表 5 - 10　　　　　　　　农户耕地规模、地片和地块分布

类别		地区			总体
		昆明市	大理州	红河州	
耕地的分配（亩）	户均	5.00	4.33	11.08	6.45
	≤2 亩	14.58	34.75	13.75	21.79
	2~4 亩	41.07	35.03	17.47	32.22
	4~6 亩	22.02	10.45	15.99	16.06
	6~8 亩	10.12	6.21	9.67	8.55
	8~10 亩	5.06	6.50	12.64	7.72
	>10 亩	7.14	7.06	30.48	13.66
经营地片（片）	户均	3.56	2.94	2.75	3.10
	1 片	5.36	14.97	16.36	11.99
	2 片	27.68	31.36	37.17	31.70
	3 片	25.30	25.71	19.33	23.77
	4 片	15.77	13.84	12.27	14.08
	5 片	12.20	5.93	10.41	9.38
	≥6 片	13.69	8.19	4.46	9.07

续表

类别		地区			总体
		昆明市	大理州	红河州	
承包耕地地块（块）	户均	5.78	5.56	8.84	6.55
	≤2 块	12.50	18.53	17.94	16.20
	3~4 块	30.36	33.53	20.61	28.78
	5~6 块	23.81	16.47	17.56	19.40
	7~8 块	14.88	11.76	12.21	13.01
	9~10 块	9.23	8.53	8.02	8.64
	>10 块	9.23	11.18	23.66	13.97

　　除了规模狭小外，农户耕地的另一个劣势是位置分散和地块细碎。据调查，全国每农户平均经营耕地4.10块[①]。在我们的调查中，云南省农户户均经营耕地3.10片，土地平均分散于3处，分散程度较高；户均承包耕地6.55块，远高于全国平均水平，意味着云南农户的耕地细碎程度较全国高出50%以上。分地区来看，昆明市农户户均承包耕地3.56片，5.78块，耕地分散程度最高；其中承包耕地集中在1个片区的农户仅占5.36%，有13.69%的农户承包土地分散于6处及以上。大理州农户户均承包耕地2.94片，5.56块，耕地细碎程度最低；其中承包耕地集中在1个片区的农户占14.97%，有8.19%的农户承包土地分散于6处及以上。红河州农户户均承包耕地2.75片，8.84块，土地分散程度最低，细碎程度最高；其中承包耕地集中在1个片区的农户占16.36%，有4.46%的农户承包土地分散于6处及以上。两两比较不同地区土地的分散程度，昆明市的土地较大理、红河州更分散（p<0.01），大理州与红河州两个地区无差异；在细碎度上，昆明市与红河州两地区无差异，红河州显著地较昆明市和大理州更细碎（p<0.01）。

　　图5-4给出了不同耕地面积对应的平均地片，表示承包耕地的分散程

---

① 根据2012年农村固定观察点调查数据整理。

度。从地片面积与分散程度来看，家庭耕地面积小于 6 亩时，耕地的分散程度与面积的大小正相关，即农户耕地面积越大，分散程度越高；当家庭耕地面积大于 6 亩时，总体来说分散程度与耕地面积仍正相关，随耕地面积增加，分散程度只有略微增加，大理州、红河州甚至一度出现分散程度下降（见图 5 - 4）。图 5 - 5 给出了承包耕地面积与细碎程度的关系，总体来说耕地面积越大，地块的细碎程度越高。但是当耕地面积大于 10 亩以后，大理州、红河州表现出耕地面积与细碎程度负相关的特征。综上分析可知，农地的分散程度主要由包产到户的土地分配决定，细碎程度由地理条件决定。耕地面积越大的农户，在相同片区的土地面积更大、地块数量更多。

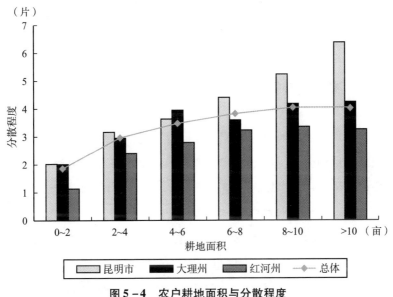

图 5 - 4　农户耕地面积与分散程度

　　农户的耕地面积与其分散程度和细碎程度的关系说明，在类似云南这种山川纵横、地势起伏的地区，耕地的细碎程度主要由自然条件决定，分配只能影响耕地的分散程度，这意味着市场或行政手段或许可以解决农地的分散程度，但很难解决农地的分割细碎。因此，要解决农地的细碎问题，除了依靠市场和行政手段外，可能需要借助工程等技术手段。

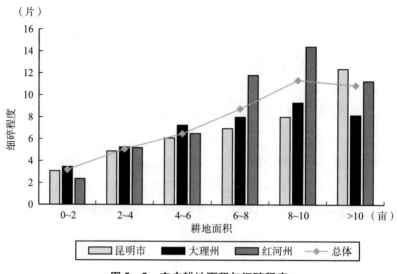

图 5 – 5 农户耕地面积与细碎程度

5.3.2 农地流转行为

农户对已承包的土地自由支配，可以自主经营获取收益，也可以选择将土地转出获得地租收益，当然也有农户为图省事选择直接抛荒；对于有经营需求的农户来说，还可以转入土地自行经营。农户流转土地的行为非常普遍。

表 5 – 11 给出了样本农户参与农地流转的情况，其中参与流转的农户占 63.82%，未参与的农户占 36.18%。分地区来看，昆明市农户的流转参与率最高，达到 77.98%；其次是大理州，达到 67.51%；红河州农户的流转参与率最低，为 41.26%。从流转方向上来看，75.00% 的农户转出土地，20.42% 的农户转入土地，4.58% 的农户同时转出和转入土地。其中昆明市单向转出和转入的比率分别为 83.97% 和 12.98%，双向流转的比率仅为 3.05%；大理州单向转出和转入的比率分别为 79.92% 和 13.81%，双向流转的比率为 6.28%；红河州单向转出和转入的比率为 43.24% 和 52.25%，双向流转的比率为 4.50%。昆明市、大理州两地农户的转出率较高，红河州农户的转入率稍高。

表 5 – 11 农户参与农地流转情况 单位: %

地区	参与			未参与
	只转出	转出和转入	只转入	
昆明市	83.97	3.05	12.98	22.02
大理州	79.92	6.28	13.81	32.49
红河州	43.24	4.50	52.25	58.74
总体	75.00	4.58	20.42	36.18

从流转的耕地面积来看，样本农户总转出土地面积 1668.35 亩，占农户承包耕地面积的 23.62%；转入农地面积为 1569.83 亩，占承包耕地面积的 22.22%。分地区来看，昆明市农户转出面积 460.15 亩，占承包耕地面积的 26.62%，转入面积 270.30 亩，占承包面积的 15.64%；大理州农户转出面积 531.90 亩，占承包耕地面积的 28.96%，转入面积 306.93 亩，占承包面积的 16.71%；红河州农户转出面积 676.30 亩，占承包耕地面积的 19.33%，转入面积 992.60 亩，占承包面积的 28.37%。这说明昆明市和大理州的农地流转市场相对开放，很多耕地被当地农户以外的经营主体流转。表 5 – 12 还汇报了农户土地抛荒情况，样本农户总抛荒耕地 1012.46 亩，占农户承包耕地面积的 14.33%；其中昆明市农户的抛荒率最低，为 2.56%，红河州农户的抛荒率最高，达到 21.23%。耕地抛荒率的数据从一定程度上也印证了红河州农地流转市场相对封闭和萧条，户均闲置耕地资源达到 3.76 亩。

表 5 – 12 农户流转、抛荒的耕地

地区	承包面积（亩）	转出		转入		抛荒	
		面积（亩）	比重（%）	面积（亩）	比重（%）	面积（亩）	比重（%）
昆明市	1728.58	460.15	26.62	270.30	15.64	44.20	2.56
大理州	1836.65	531.90	28.96	306.93	16.71	225.36	12.27
红河州	3498.85	676.30	19.33	992.60	28.37	742.90	21.23
总体	7064.08	1668.35	23.62	1569.83	22.22	1012.46	14.33

经表 5 – 12 可知，两两比较三个地区农户的土地使用行为，昆明市农户在土地流转的参与上更积极、土地利用率更高，其次为大理州，最后是红河州（p < 0.01 均成立）；昆明市农户土地抛荒率显著地低于大理州，大理州显著地低于红河州（p < 0.01 均成立）。

表 5 – 13 报告了各个地区地块的流转方向及方式。参与流转的地块中，77.45% 的地块为转出，其中 93.02% 的地块采用出租方式转出、2.24% 的地块采用转让方式转出、0.53% 的地块采用入股方式转出、0.92% 的地块采用互换方式转出、3.29% 土地采用其他方式转出；参与流转的地块中 22.55% 的地块为转入，其中 83.26% 的地块采用出租方式转入、8.14% 的地块采用转让方式转入、3.62% 的地块采用互换方式转入、4.98% 土地采用其他方式转入。因调研对象均为普通农户，可能造成农户未采用无入股方式转入地块。总体来说，不论是昆明市、大理州还是红河州，不论土地转入还是转出，出租是农地流转的主要方式。

表 5 – 13　　　　　　　　　　农地流转方向及流转方式　　　　　单位：%

地区	方向		出租	转让	入股	互换	其他
昆明市	转出	84.51	94.44	2.78	0.56	1.11	1.11
	转入	15.49	80.30	10.61	0.00	4.55	4.55
大理州	转出	82.28	91.69	2.15	0.00	0.92	5.23
	转入	17.72	82.86	2.86	0.00	7.14	5.71
红河州	转出	46.54	91.89	0.00	2.70	0.00	5.41
	转入	53.46	84.71	10.59	0.00	0.00	3.53
总体	转出	77.45	93.02	2.24	0.53	0.92	3.29
	转入	22.55	83.26	8.14	0.00	3.62	4.98

课题组在问卷里设置了土地流转对象、流转要得到何方批准、流转要到何处登记、有否介绍人、有否担保人、有否合同、租金如何等问题，探讨地区农地流转的市场化和正规化程度。本章以农地的流转对象以及流转时的合

同和租金为例，总结汇报于表 5-14 和表 5-15。

表 5-14　　　　　　　　　　　　农地流转对象　　　　　　　　　单位：%

地区	个体					组织		
	亲戚	本村	邻村	外来	小计	企业或合作社	村委会	小计
昆明市	12.35	29.22	44.58	13.86	77.93	77.66	22.34	22.07
大理州	12.40	53.31	26.03	8.26	61.27	99.35	0.65	38.73
红河州	14.88	34.71	45.45	4.96	76.10	92.11	7.89	23.90
总体	12.81	38.56	38.27	10.36	70.92	91.23	8.77	29.08

表 5-15　　　　　　　　　　　　农地流转条件　　　　　　　　　单位：%

地区	合同		租金				
	口头	书面	不支付	现金	粮食	劳动力	分红
昆明市	28.78	71.22	6.67	92.38	0.95	0.00	0.00
大理州	34.95	65.05	18.25	81.49	0.26	0.00	0.00
红河州	36.08	63.92	11.39	85.44	2.53	0.00	0.63
总体	32.05	67.50	12.10	86.87	0.93	0.00	0.10

就流转对象而言，个体参与了 70.92% 的地块流转，组织参与了 29.08% 的地块流转，这说明地块流转主要以分散的、私人协议的形式进行。在个体参与的地块中，12.81% 的流转对象为亲戚，本村和邻村农户分别为 38.56% 和 38.27%，10.36% 地块的流转对象为外来农户；组织参与流转的地块中，91.23% 的流转对象为企业或合作社，仅有 8.77% 的流转对象为村委会。就地区而言，昆明市、红河州个体参与的比例近似，大理州组织参与的比例略高一些。其中昆明市个体参与的地块中，86.15% 为熟人，13.86% 为外来人口，大理州和红河州向熟人流转的农地超过 90%。这说明昆明市在土地私人流转方面更开放些，农地流转已突破地域范围，不再局限于亲戚、村民等熟

人之间。在组织参与流动的地块中，昆明市村委会参与的比例最高，为 22.34%；大理州最低，仅为 0.65%。另外，村委会在农地流转中只有转出，没有转入，说明村委会没有以"返租倒包"的形式参与农地流转，向外流转的农地可能是村委会保留尚未分配到户的耕地。

就农地流转条件而言，67.50% 的农地在流转中需要签订正式书面合同，仅有 32.05% 的农地仅作口头约定；其中昆明市正式书面合同签订比率最高，达到 71.22%，红河州最低，为 63.92%。农地流转中，12.10% 的地块不用支付租金，86.87% 的地块以现金形式支付租金，0.93% 的地块以粮食形式支付租金，仅有 0.10% 的地块以分红形式支付租金。其中昆明市不用支付租金地块比率最低，仅为 6.67%，92.38% 的地块以现金形式支付租金；大理州不用支付租金的地块比率最高，达到 18.25%，81.49% 的地块以现金形式支付租金。从流转中合同签订和租金支付来看，土地流转比较正式，市场化程度非常高。

两两比较不同地区农地流转的方式、对象和条件，三地在土地流转方式上无显著差异；昆明市较大理州和红河州更向组织流动（$p < 0.01$），红河州较昆明市和大理州更向个体流动（$p < 0.01$）；在流转合同方面，昆明市与大理州无差异，都较红河州更正式些（$p < 0.1$ 和 $p < 0.01$）；在租金方式上，大理州较昆明市和红河州更偏向于现金（$p < 0.01$ 和 $p < 0.05$），昆明市与红河州无差异。

5.4 农地确权

5.4.1 农地确权：村庄

课题组调研了昆明市、红河州、大理州的 30 个村庄，询问了村庄的耕地保有和农地权属问题。笔者在问卷中设置了"你们村有多少耕地？""承包到

户的耕地有多少亩?"等问题,了解村庄耕地的承包情况,并将问题结果汇
总于表 5-16。总体来说,云南省村均耕地保有面积为 4655.74 亩,田面积
为 1746.26 亩、地面积为 2909.33 亩。其中,昆明市村均耕地保有面积最少
仅为 2513.75 亩,承包率最高,达到 98.21%;红河州村均耕地保有面积最
多,达到 6770.71 亩,承包率最低,仅为 84.07%。

表 5-16 村庄农地保有及承包情况

地区	耕地面积(亩)			承包到户 (亩)	承包率 (%)
	总面积	田面积	地面积		
昆明市	2513.75	1517.25	996.50	2484.63	98.21
大理州	4682.77	2654.10	2027.90	4675.03	97.65
红河州	6770.71	1067.43	5703.29	5325.57	84.07
总体	4655.74	1746.26	2909.23	4161.74	93.31

云南省上一轮土地调整时间有所差异。昆明市除嵩明的牛栏江镇外,上
一轮土地调整大约发生在 2003~2005 年;涉及面比较广,约有 88.25% 的农
户耕地有所调整,其原因为第二轮土地承包和政府建设公路、铁路需要征地。
大理州上一轮土地调整均发生在 1996~1999 年,涉及面也较广,约有
82.82% 的农户耕地有所调整,调整的原因均为第二轮土地承包。红河州上一
轮土地调整发生在 1981~1983 年,其原因为第一轮土地承包,涉及全部调查
农户。

2008 年党的十七届三中全会《中共中央关于推进农村改革发展若干重大
问题的决定》提出要赋予农民更加充分而有保障的土地承包经营权,提出要
"搞好农村土地确权、登记、颁证工作"。从 2009 年开始,国家逐步在农村
开展土地承包经营权登记试点工作,把承包地块的面积、空间位置和权属证
书落实到农户。鉴于农村实在过于庞大、涉及农户多达 2.3 亿户,所涉事务
极为繁杂,该项工作直到 2014 年才进入"整省推进"阶段。课题组于 2015~

2016 年在昆明市、大理州、红河州三地开展调研，恰逢云南省"整省推进"土地确权时期，各个地区推进进度有所差异，为课题组研究土地确权进度与农民收入关系提供了有益素材。

课题组调查期间，20 个受访村庄中有 9 个村庄已经开展农地确权工作，开展率达到 45%；在已开展确权的村庄中有 5 个村庄确认颁发了土地确权证，颁证率达到 55.56%。截至 2018 年底，云南省已经确认全面完成了土地确权工作，所有农户皆已获得土地确权证书。

5.4.2 农地确权：农户

除了调研村庄总体农地权属问题，课题组在农户问卷中也详细询问了土地确权情况。笔者在问卷中设置了"你们村是否开展了农地确权工作？""农地确权后耕地和园地实际面积是增加了、减少了、还是没有变化？""你们家是否已经获得新的土地证？"等问题，并将问题结果汇总于表 5 - 17。总体来说，调研地区都已开展了土地确权工作，云南确权进度达到 23.58%；但是地区间差异较为明显，红河州进度最快，已有 41.20% 的农户实现了农地确权，大理州进度最慢，仅有 1.70% 的农户确权。在已确权农户中，大部分农户的土地无变化，达到 60.45%，有 17.73% 的农户农地面积增加，21.82%的农户农地面积减少。这说明从二轮承包到这次土地确权，大部分农户的地权是稳定的。在已确权农户中，29.45% 的农户已经获得了新土地证，仍有70.55% 的农户还在等待新土地证。

表 5 -17　　　　　　　　　　农地确权情况　　　　　　　　　单位：%

地区	未确权	已确权	确权情况				
			增加	减少	无变化	未换证	已换证
昆明市	67.46	32.54	3.74	25.23	71.03	62.12	37.88
大理州	98.30	1.70	0.00	50.00	50.00	95.65	4.35

地区	未确权	已确权	确权情况				
			增加	减少	无变化	未换证	已换证
红河州	58.80	41.20	32.71	16.82	50.47	74.45	25.55
总体	76.42	23.58	17.73	21.82	60.45	70.55	29.45

2018 年是全国承包地确权登记颁证工作的收官之年，随后建立国家级和地方确权登记数据库和农村土地承包经营权信息应用平台，进一步推进农村承包地管理信息化。土地确权登记颁证是确权红利转化的基础，进一步完善和加快土地确权登记颁证工作是近期农村工作的一个重点。

5.5 产权认知

5.5.1 受访者对所有权的认知

为调查农民对农地所有权的认知情况，课题组在调查问卷中设置了问题"你认为承包到户的耕地的所有权属于谁?"，提供了"国家""村委会""村民小组""村集体经济组织""农户"5 个备选答案①。在数据处理时，我们将"村委会""村民小组""村集体经济组织"统一成"集体"。从调查结果来看，959 份有效问卷中 263 人认为农地的所有权属于国家，占总量的

---

① 《中华人民共和国土地承包法》第十二条规定："农民集体所有的土地依法属于村农民集体所有的，由村集体经济组织或者村民委员会发包；已经分别属于村内两个以上农村集体经济组织的农民集体所有的，由村内各该农村集体经济组织或者村民小组发包。村集体经济组织或者村民委员会发包的，不得改变村内各集体经济组织农民集体所有的土地的所有权。国家所有依法由农民集体使用的农村土地，由使用该土地的农村集体经济组织、村民委员会或者村民小组发包。"可见，农村集体经济组织、村民委员会和村民小组都有可能是农地的所有权人。

27.42%；208 人认为所有权属于集体，占总量的 21.69%；超过一半的受访者认为所有权属于农户，占总量的 50.89%。

表 5 - 18 给出了不同特征受访者回答的农地所有权归属情况。从年龄段分布来看，不足 30 岁的受访者中有 30.00% 的农户认同农地所有权属于集体，31~40 岁的受访者中仅有 15.96% 的人认同农地所有权属于集体，41 岁以上的受访者中超过各年龄段均 20% 的人认同所有权属于集体；两两比较不同年龄段受访者的所有权认知，他们对国家、集体和农户所有权人的认识并无显著差异。

表 5 - 18　　　　　　　　　　　农户的农地所有权认知

分类		国家		集体		农户	
		样本数（人）	占比（%）	样本数（人）	占比（%）	样本数（人）	占比（%）
年龄	18~30 岁	17	24.29	21	30.00	32	45.71
	31~40 岁	64	34.04	30	15.96	94	50.00
	41~50 岁	82	26.97	69	22.70	153	50.33
	51~60 岁	55	23.40	53	22.55	127	54.04
	61~70 岁	33	27.97	25	21.19	60	50.85
	71~85 岁	12	27.27	10	22.73	22	50.00
性别	男性	148	26.81	137	24.82	267	48.37
	女性	115	28.26	71	17.44	221	54.30
教育	文盲	53	25.85	36	17.56	116	56.59
	小学	96	24.37	81	20.56	217	55.08
	初中	99	32.46	69	22.62	137	44.92
	高中	13	28.89	18	40.00	14	31.11
	大专	2	22.22	3	33.33	4	44.44
	本科及以上	0	0.00	1	100.00	0	0.00

续表

分类		国家		集体		农户	
		样本数（人）	占比（%）	样本数（人）	占比（%）	样本数（人）	占比（%）
身份	户主及配偶	224	27.15	183	22.18	418	50.67
	其他	39	29.10	25	18.66	70	52.24
地区	昆明市	117	34.82	70	20.83	149	44.35
	大理州	92	25.99	87	24.58	175	49.44
	红河州	54	20.07	51	18.96	164	60.97
总计		263	27.42	208	21.69	488	50.89

从性别分布来看，24.82%的男性认同农地所有权属于集体，17.44%的女性认同农地所有权属于集体；两两比较不同性别受访者的所有权认知，男性对所有权的认知表现出显著的集中化倾向（p < 0.1）。从受教育程度分布来看，未受教育的受访者中有 17.56%的人认同农地所有权属于集体，小学教育的受访者中有 20.56%的人认同所有权属于集体，初中教育的受访者中有 22.62%的人认同所有权属于集体，高中教育的受访者中有 40.00%的人认同所有权属于集体，大专的受访者中有 33.33%的人认同所有权属于集体，本科及以上的受访者 100%认同所有权属于集体；两两比较不同受教育程度受访者的所有权认知，初中学历的受访者对所有权的认知较小学表现出显著的分散化倾向（p < 0.01），较高中也表现出分散化倾向（p < 0.05），其他相邻学历间无显著差异。

从受访者的身份来看，22.18%的户主及配偶认同农地所有权属于集体，18.66%的其他受访者认同所有权属于集体；两两比较不同身份受访者的所有权认知，他们对国家、集体和农户所有权人的认识并无显著差异。

从受访者的地理分布来看，昆明市 20.83%的受访者认同农地所有权属于集体，大理州 24.58%的受访者认同所有权属于集体，红河州 18.96%的受访者认同所有权属于集体；两两比较不同地区受访者的所有权认知，昆明市对所有权的认知表现出显著的集中化倾向（p < 0.01 均成立），大理州较红河州表现出显著的集中化倾向（p < 0.01）。

5.5.2 受访者对使用权的认知

为了调查农户对使用权的认知情况，课题组在调查问卷中设置了问题"你认为承包到户的耕地使用权属于谁?"和备选答案"国家""村委会""村民小组""村集体经济组织""农户"，同样地，在数据处理时将"村委会""村民小组""村集体经济组织"统一成"集体"。从调查结果来看（见表 5 – 19），9 人认为农地的使用权属于国家，占总量的 0.94%；33 人认为使用权属于集体，占总量的 3.44%；917 的受访者认为使用权属于农户，占总量的 95.62%。

表 5 – 19 农户的农地使用权认知

分类		国家		集体		农户	
		样本数（人）	占比（%）	样本数（人）	占比（%）	样本数（人）	占比（%）
年龄	18～30 岁	1	1.43	1	1.43	68	97.14
	31～40 岁	2	1.06	6	3.19	180	95.74
	41～50 岁	1	0.33	11	3.62	292	96.05
	51～60 岁	3	1.28	10	4.26	222	94.47
	61～70 岁	2	1.69	5	4.24	111	94.07
	71～85 岁	0	0.00	0	0.00	44	100.00
性别	男性	4	0.72	17	3.08	531	96.20
	女性	5	1.23	16	3.93	386	94.84
教育	文盲	1	0.49	14	6.83	190	92.68
	小学	4	1.02	11	2.79	379	96.19
	初中	4	1.31	7	2.30	294	96.39
	高中	0	0.00	1	2.22	44	97.78
	大专	0	0.00	0	0.00	9	100.00
	本科及以上	0	0.00	0	0.00	1	100.00

分类		国家		集体		农户	
		样本数（人）	占比（%）	样本数（人）	占比（%）	样本数（人）	占比（%）
身份	本人及配偶	7	0.85	30	3.64	788	95.52
	其他	2	1.49	3	2.24	129	96.27
地区	昆明市	6	1.79	16	4.76	314	93.45
	大理州	2	0.56	16	4.52	336	94.92
	红河州	1	0.37	1	0.37	267	99.26
总计		9	0.94	33	3.44	917	95.62

表 5-19 给出了不同特征受访者回答的农地使用权归属情况。从年龄段分布来看，不足 30 岁的受访者中有 97.14% 的农户认同农地使用权属于农户，31~40 岁的受访者中有 95.74% 的人认同农地使用权属于农户，41 岁以上受访者中各年龄段均超过 94% 的人认同使用权属于农户；两两比较不同年龄段受访者的使用权认知，他们对国家、农户和农户使用权人的认识并无显著差异。

从性别分布来看，96.20% 的男性认同农地使用权属于农户，94.84% 的女性认同农地使用权属于农户；两两比较不同性别受访者的使用权认知，他们对国家、农户和农户使用权人的认识并无显著差异。

从受教育程度分布来看，未受教育的受访者中有 92.68% 的人认同农地使用权属于农户，小学教育的受访者中有 96.19% 的人认同使用权属于农户，初中教育的受访者中有 96.39% 的人认同使用权属于农户，高中教育的受访者中有 97.78% 的人认同使用权属于农户，大专及以上受访者均 100% 认同使用权属于农户；两两比较不同受教育程度受访者的使用权认知，未受教育的受访者对使用权的认知较小学和初中表现出显著的集中化倾向（p < 0.05），其他相邻受教育程度间无显著差异；如果以是否受过义务教育（初中）为标准分组，两组之间对使用权的认知无显著差异。

从受访者的身份来看，95.52%的户主及配偶认同农地使用权属于农户，96.27%的其他受访者认同使用权属于农户；两两比较不同身份受访者的使用权认知，他们对国家、农户和农户使用权人的认识并无显著差异。从受访者的地理分布来看，昆明市93.45%的受访者认同农地使用权属于农户，大理州94.92%的受访者认同使用权属于农户，红河州99.26%的受访者认同使用权属于农户；两两比较不同地区受访者的使用权认知，昆明市对所有权的认知较其他两个地区表现出显著的集中化倾向（ $p < 0.01$ ）。

5.6 农户收入

5.6.1 农户收入概况

小农经济主要是以家庭劳动为基础，缺乏系统的资本收益率概念，较少进行经济核算，而且有时候很难区分生产和消费性活动。因此，课题组在问卷中设置了"农地和园地经营情况""畜禽养殖情况"和"收入与支出情况"三个板块了解农户的经济收入。在"农地和园地经营情况"中，课题组详细询问了农户在农用地上的种植作物、面积、产量、销售、自家劳动力投入、雇佣劳动力投入、种苗肥料农药大棚支架等费用，用投入－产出方法计算了农户种植的纯收入，并将其计入农用地收入，农户在种植过程中如果有土地流入费用的话，也一并在投入成本中进行予以扣除。同样地，课题组详细询问了农户的畜禽养殖情况，计算了养殖纯收入，计入其他经营性收入。在"收入与支出"板块中，课题组询问了农户的劳务收入、除种植养殖外其他经营性收入、财产性收入和转移收入。具体收入情况和收入结构见表5-20和表5-21，表中末两行云南和全国收入数据来自《中国统计年鉴（2016）》中分地区农村居民人均可支配收入来源。

表 5 – 20　　　　　　　　　　农户人均收入情况　　　　　　　　单位：元

地区	工资性收入	经营性收入		财产性收入		转移净收入	总收入
		农用地收入	其他收入	农地流转	其他收入		
昆明市	8432.95	1063.51	1255.02	374.53	131.44	226.31	11483.76
大理州	5670.35	3560.56	3109.81	164.41	131.16	276.87	12913.16
红河州	4239.78	2219.61	1564.63	166.00	215.53	488.89	8894.44
总体	6236.79	2310.94	2027.82	238.47	154.89	318.55	11287.46
云南省	2315.50	4600.80		147.90		1177.90	8242.10
全国	4600.30	4503.6		251.5		2066.30	11421.70

注：云南省和全国的数据分别为 2015 年云南省和全国的农村人均可支配收入。
资料来源：《中国统计年鉴（2016）》。

表 5 – 21　　　　　　　人均务工收入、农用地收入、土地流转收入
和总收入的描述性统计　　　　　　　单位：元

地区/指标		人均务工收入	人均土地经营收入	人均土地流转收入	人均总收入
昆明市	平均值	8432.95	1063.51	374.54	11484.88
	标准差	8950.78	2056.45	656.58	11519.40
	最小值	0	– 3291	0	0
	最大值	82500	14346	9333	139132
大理州	平均值	5670.35	3560.56	164.41	12913.16
	标准差	5683.88	18242.46	254.78	21317.42
	最小值	0	– 21368	0	– 14648
	最大值	33750	295500	2500	298258
红河州	平均值	4239.78	2219.52	166.00	8895.06
	标准差	4566.80	6294.52	1047.35	9049.61
	最小值	0	– 45207	0	– 44167
	最大值	20000	45263	15000	66720

地区/指标		人均务工收入	人均土地经营收入	人均土地流转收入	人均总收入
总体	平均值	6236.79	2310.94	238.47	11287.95
	标准差	6976.48	11686.00	701.09	15479.91
	最小值	0	−45207	0	−44167
	最大值	82500	295500	15000	298258

表5-20给出了调查地区农户人均收入情况。样本农户人均总收入11287.46元，其中工资性收入达6236.79，占总收入的55.25%；经营性收入达4338.76元，占总收入的38.43%；财产性收入达393.36元，占总收入的3.48%；转移净收入达318.55元，占总收入的2.82%。从表5-20显示，调查农户的人均总收入较同期云南省人均总收入高3045.36元，较同期全国人均可支配收入低134.24元。分来源看，调查农户的工资性收入显著高于云南省全省统计数据，财产性收入略高于全省统计数据，经营性收入和转移净收入较全省统计数据略低。

5.6.2 农户收入结构

农地产权安排影响农户的土地配置和劳动力配置选择，影响农户的农用地收入、农地流转收入、务工收入以及总收入，所以对这样本的收入指标做进一步分析，统计结果如表5-21所示。从描述性统计来看，人均务工收入为6236.79元，三个地区从高到低的排名分别为：昆明市、大理州、红河州；人均土地经营性收入为2310.94元，三地排名分别为：大理州、红河州、昆明市，人均土地流转收入为238.47元，三地排名分别为昆明市、红河州、大理州；人均总收入11287.95元，三地排名分别为大理州、昆明市和红河州。两两比较不同地区的务工收入，昆明市显著地高于大理州（p<0.01），大理州显著地高于红河州（p<0.01），与均值比较呈现的结果一致。就土地经营

收入而言，大理州与红河州无显著差异，昆明市显著地低于大理州和红河州（p < 0.01）。就土地流转收入而言，昆明市显著地高于大理州和红河州（p < 0.01），大理州与红河州无差异。就总收入而言，昆明市与大理州无显著差异，都显著地高于红河州（p < 0.01）。

5.7 本章小结

本章对微观调查中的农户的特征、农地情况、农地确权、产权认知和农民收入相关变量做了统计描述，并且按照不同标准对主要变量做了比较，结果显示：分地区来看，除民族和房屋结构外，户主特征和家庭特征两方面，昆明市与大理州基本无差异，红河州较他们有差异；农户的土地禀赋、土地流转情况和农户收入上三地区差异较大。

从田野调查的结果来看，农民对土地所有权的认知并没有表现出与现行的"农地土地归集体所有"的产权事实规定接近，反而偏离较远，这与已有实证研究结论一致（陈胜祥，2009）。从 T 检验的结果来看，不同年龄、不同受教育程度的农户对农地所有权的认知并无显著差异，这与"年龄越大，越倾向于认为土地产权是国家的"（钱忠好，1997）、"文化程度越高，产权意识越清晰"（陈成文、鲁燕，2006）结论并不一致。不过在受教育程度上以是否接受义务教育（初中）为界线分组的话，未接受义务教育的农民较接受义务教育的农民表现出显著的集权化倾向（p < 0.01）。在使用权方面，超过95%的受访者认为土地使用权归属于农户，这说明农民的土地使用权得到了很好的尊重和维护，这一调研结果与高佳、李世平（2015）的调研结果一致。

就农地使用与农户收入的关系来看，农地对农户收入的直接影响仅为22.47%（农用地收入与农地流转收入之和），间接影响达到55.46%（务工收入）。土地流转对农地经营效率的影响如何？是否在农地产权认知与农户收入间起作用，起什么样的作用？这些问题将在第 7~8 章中得到回答。

第 6 章

农地经营效率

经济学研究追求资源的最优配置。生产者追求效率最大化，农户亦如是。农户作为理性人，追求农业生产的效率最大化，获得更高的农业回报。农地经营效率高低受农户资源配置行为的影响。

农业生产涉及农、林、牧、渔等多种经营活动，本章主要讨论农户的种植行为，以农户为单位分别测算农地的总效率、规模效率和专业化效率，即农地经营效率，为下文分析土地流转影响农地经营效率的路径提供铺垫。

6.1 农地经营效率的测算方法

6.1.1 生产效率的测算方法

从方法演进脉络来看，生产效率的测算主要有三种方法：第一类是增长核算法；第二类是随机前沿分析（stochastic frontier approach，SFA）方法；第三类是数据包络分析（data envelopment analysis，DEA）方法。其中应用较广的有 DEA 和 SFA 两种。

6.1.1.1 基于数据包络分析（DEA）方法的研究

数据包络分析（DEA）是一种不需要具体函数形式的确定性前沿分析法，该方法可用于多投入多产出的效率评估，不受制于投入产出的量纲限制，投入产出的权重也由数学规划产生，不受人为因素影响。DEA 方法在我国农业效率测算上有广泛应用。学者们不仅将该方法用于全国层面的生产效率测算（顾海、孟令杰，2002；陈卫平，2006），还用于区域层面的生产效率测算（王珏等，2010；石慧、吴方卫，2011）。近年来，学者们逐渐在微观数据领域使用该方法测算农户生产效率，如朱帆等（2011）、何忠伟等（2014）、江晓敏等（2017）。

6.1.1.2 基于随机前沿分析（SFA）方法的研究

随机前沿分析（SFA）是一种测度生产效率的方法，其主要思路是通过选择生产函数的形式来确定生产前沿面，计算出在技术水平不变时各种投入比例对应的最大产出集合。SFA 方法通过特定计量模型对前沿生产函数进行统计估计，据此对技术效率水平进行测定。SFA 方法在农业效率上的应用研究虽然起步较早，但没有 DEA 方法广泛。

6.1.2 本书的研究测算方法

农地经营效率是从投入产出的角度度量生产单位最大程度运用现有技术达到最大产出的能力，通常用在生产单位的实际产出与其所能实现的潜在产出之间的比值来衡量。需要设定具体的函数形式这一缺陷限制了 SFA 方法在农业领域的应用面，DEA 方法是一种数据驱动的纯线性规划方法，无须设定生产函数即可构造出确定性生产前沿面，因而本章在农地经营效率测算中采用 DEA 方法。

本章的实证数据来自调研样本的农户数据将每个农户当成一个生产决策单位（DMU）置于相同的技术结构下，参考由法尔（Fare et al.，1994）扩展的 DEA 方法来构造农户生产的生产前沿面。本书用生产前沿面来评判单个 DMU 的状态是否有效，落在前沿面上的 DMU 被称为"在技术上有效率"，落在前沿面内部的 DMU 被称为"在技术上存在非效率"。技术效率的测算可分为投入和产出两个角度：投入角度下的技术效率，就是保持产出水平不变，尽量减少要素投入；产出角度下的技术效率，就是保持投入水平不变，尽量多地增加产出。根据科埃里和拉奥（Coelli & Rao，2005）的研究，在规模收益不变（CRS）的技术条件下两种测算方法得出的技术效率一样；在规模收益可变（VRS）的技术条件下，两种测算方法的效率值不一样。虽然很多学者认为规模报酬对农业生产来说不具备实践意义，因为实际生产中土地、人口和自然资源等要素投入可能是给定的，且农业生产不可能同时改变所有要素的投入（Coli & Rao，2005；李谷成、冯中朝，2010），但是也有很多研究人员采用规模收益可变技术测算我国农业生产效率（王琛，2015；范垄基，2019）。本书探讨的是农户的生产效率，而非地区或国家生产效率。国家的土地、人口和自然资源等要素是给定的（蒂莫西·J. 科埃利，2008），但农户的土地要素可根据转入、转出方式改变，人口要素可根据雇佣劳动力方式改变，所以本章效率测算中选择 VRS 技术。

6.2　变量的选取与处理

6.2.1　投入产出指标的构建

课题组在问卷中设置了农地经营的相关问题，询问了农户种植的作物名称、种植面积、自家劳动力投入、雇佣劳动力投入、机械牛工费用、种苗肥料农药费用、大棚支架等费用、灌溉费用等生产投入相关情况，询问了产量、销售量、市场价格、毛收入和纯收入等产出销售相关情况，还询问了农户在种植过程中是否接受过指导以及培训指导费用。

在调查样本中，有 166 户在调查年度里未进行农业种植活动，有 793 户从事农业种植活动。农户们种植了包括桉树、芭蕉、白菜、白茶、玉米、葡萄、杨梅以及板蓝根等 71 种不同作物[①]。就农户的种植习惯来看，36.82% 的农户选择种植单一作物，51.47% 的农户同时种植 2~3 种作物，只有 0.13% 的农户选择种植 7~8 种作物（见图 6 - 1），平均每户家庭种植 2.07 种不同作物。单一作物的种植面积见图 6 - 2，73.12% 的作物种植面积在 3 亩以内。在这样的种植规模下，讨论单一作物的效率意义不大。本章以农户为单位讨论农地经营效率，一方面符合小农户多种作物种植的习惯，另一方面也更适合本书研究的初衷。

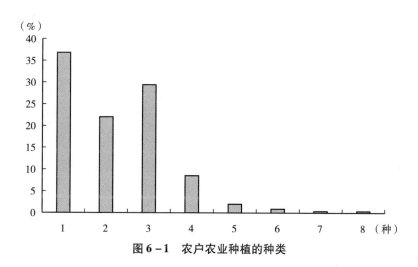

（％）

图 6 - 1 农户农业种植的种类

---

① 具体有：桉树、芭蕉、白菜、白茶、白豆、白花菜、板蓝根、板栗、苞谷/玉米、蚕豆、蚕桑、草、草果、中草药、橙子、大辣子、大麦、大蒜、稻谷、豌豆、甘蔗、柑橘、豇豆、高粱、葛根、核桃、红豆、红瓜、红梨、红薯、红草、花菜、花豆、花生、黄白菜、黄豆、黄瓜、尖豆、姜、辣椒、烤烟、梨、萝卜、马铃薯、玛卡、小麦、芒果、木薯、葡萄、荞麦、青菜、青笋、冬桃、桑树、沙树、石榴、柿子、水稻、四季豆、松树、素段、桃树、莴笋、香蕉、香芋、向日葵、橡胶、雪莲果、杨梅、樱桃、油菜花。

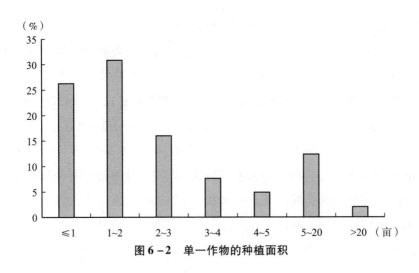

图 6 - 2 单一作物的种植面积

需要说明的是，课题组在问卷中询问了农户土地经营两个收入：总收入和净收入。从调查结果来看，897 块地上的作物为农户自用，也即市场销售作物不足 45.70%；其中，38.81% 的农作物销售重量不足 1000 千克，42.97% 的农作物销售重量在 1000～10000 千克之间，仅有 18.22% 的农作物销售重量超过了 10000 千克。

课题组不仅询问了农户总收入和净收入，而且按照农户种植农作物的市场价值、产量计算了农户的总收入，扣减了农户的投入成本后计算了农户的净收入①，并以此作为测算依据。结果显示，7.08% 未获得正的净收入。故本章在产出变量选取时，仅选择总收入。

在培训指导问题上，仅 67 户农户接受过培训和指导，仅 6 户在培训和指导上有支出，且 5 户支出为 2 元②，仅有 1 户在培训指导上花费了 44500 元。这表明，绝大多数农户的种植技术是父子相传的传统种植技术（91.52%），农业种植远未达到现代化程度。因此在投入变量选择时，未选择培训指导投入。

表 6 - 1 给出了变量的种类、详细的符号和含义。

_____

① 大部分农户的劳动力投入以自家劳动力为主，这里将自家劳动力按照市场价值进行折算，计算了自家劳动力投入的货币价值。

② 2 元是农户去政府农技培训班的路费。

表 6-1   变量的种类及含义

变量种类	变量名称	变量含义
投入变量	种植面积	种植的土地面积（亩）
	自雇劳动	自家劳动力投入（元/年）
	雇佣劳动	雇佣劳动力投入（元/年）
	机械牛工	机械牛工投入（元/年）
	种肥投入	种子、肥料和农药投入（元/年）
	大棚支架投入	大棚支架投入（元/年）
	灌溉投入	灌溉投入（元/年）
产出变量	种植总收入	种植总收入（元/年）

6.2.2 变量的描述性统计分析

为了对投入变量和产出变量有初步了解，本节对涉及的 8 个变量进行描述性统计，具体如表 6-2 所示。

表 6-2   变量的描述性统计

变量名称	观测值	均值	标准差	最小值	最大值
种植面积	793	6.19	10.44	0.12	117.50
自雇劳动	793	65.67	94.14	0	810.00
雇佣劳动	793	1112.42	5589.10	0	80000.00
机械牛工	793	251.74	934.71	0	22250.00
种肥投入	793	5097.99	13098.52	0	160000.00
大棚支架投入	793	643.86	3760.94	0	66000.00
灌溉投入	793	263.87	1213.85	0	20000.00
种植总收入	793	16841.29	43508.94	0	540000.00

第一，土地投入的最小值为 0.12、最大值为 117.50，均值为 6.19。其中，11.91% 的农户种植面积在 1 亩以下（包括 1 亩），46.26% 的农户种植面

积在 1～5 亩之间（包括 5 亩），22.69% 的农户种植面积在 5～10 亩之间（包括 10 亩），17.49% 的农户种植面积在 10～50 亩之间（包括 50 亩），1.65% 的农户种植面积在 50 亩以上。

第二，自雇劳动、雇佣劳动和机械牛工三者投入的最小值分别为 0 元、0 元、0 元，最大值分别为 810.00 元、80000.00 元和 22250.00 元，均值分别为 65.67 元、1112.42 元和 251.74 元。

第三，种肥投入以及大棚支架投入最小值分别为 0 元、0 元，最大值分别为 160000.00 元、66000.00 元，均值分别为 5097.99 元、643.86 元。灌溉投入的最小值为 0 元、最大值为 20000.00 元，均值为 263.87 元。

第四，种植总收入的最小值为 0 元，最大值为 540000.00 元，均值为 16841.29 元，其中种植总收入为 0 元的农户共有 7 人。

6.3 总效率、规模效率与专业化效率

根据上述建模逻辑，基于投入导向的 BBC-DEA 模型，利用 MAXDEA 6.4 软件计算出 793 家农户的农地经营的总效率、专业化效率以及规模效率的相应值。在这里，总效率 = 专业化效率 × 规模效率。专业化效率反映农户有效率利用资源的能力以及管理水平的高低，规模效率反映农户的规模经济程度。另外，MAXDEA 6.4 软件还给出了农户是处于规模报酬的递增、不变还是递减阶段。

6.3.1 总效率

农户们的总效率，如图 6-3 所示。其中，总效率为 0 的农户有 7 户，总效率达到 1 的农户有 26 户。总效率均值为 0.2719，标准差为 0.2254。平均看，农户们离技术有效的距离为 0.7281，意味着在不减少产出的前提下，可减少 72.81% 的投入。可见，总效率提升空间非常大。

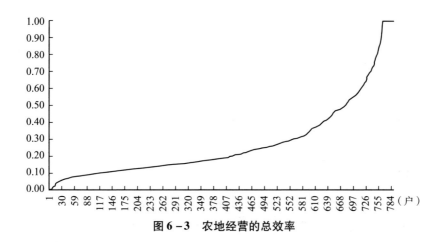

图 6 - 3　农地经营的总效率

农户们总效率的分布，如图 6 - 4 所示。其中，53.22% 的农户位于 ［0，0.2］ 之间，26.30% 的农户位于 （0.2，0.4］ 之间，仅有 5.06% 的农户位于 （0.8，1］ 之间。

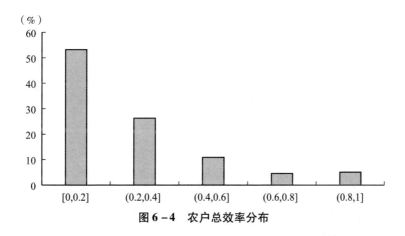

图 6 - 4　农户总效率分布

6.3.2　专业化效率

农户们的专业化效率，如图 6 - 5 所示。其中，效率为 0 的农户有 7 户，效率达到 1 的农户有 43 户。专业化效率的均值为 0.3323，标准差为 0.2386，有较大提升空间。

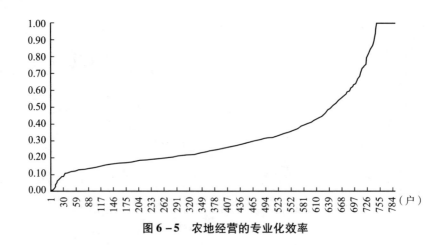

图6-5 农地经营的专业化效率

农户专业化效率的分布，如图6-6所示。其中，35.65%的农户专业化效率位于［0，0.2］之间，38.81%的纯技术总效率位于（0.2，0.4］之间，仅有7.96%的农户专业化效率位于（0.8，1］之间。

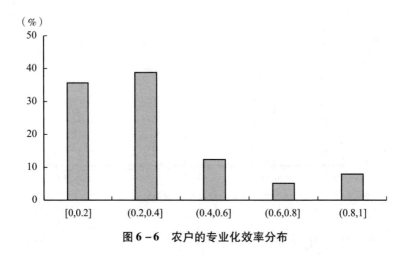

图6-6 农户的专业化效率分布

6.3.3 规模效率

农户们的规模效率，如图6-7所示。其中，规模为0的农户有7户，规模效率达到 1 的农户有 46 户。规模效率的均值为 0.7964，标准差为 0.2211，规模效率有一定提升空间。

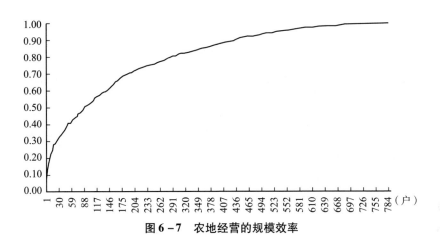

图 6 - 7 农地经营的规模效率

农户们规模效率的分布，如图 6 - 8 所示。其中，18.71% 的农户规模效率位于 [0，0.6] 之间，18.20% 的农户规模效率位于 (0.6，0.8) 之间，63.08% 的农户规模效率位于 (0.8，1] 之间。

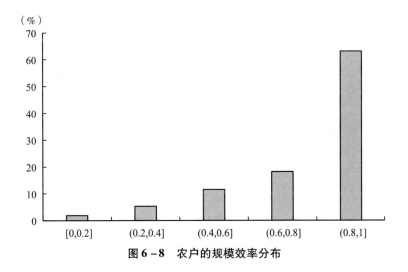

图 6 - 8 农户的规模效率分布

有53户处于规模报酬不变阶段（规模效率为0和1）；有62户处于规模报酬递减阶段，应缩小生产规模；有678户处于规模报酬递增阶段，应扩大生产规模。农户的规模报酬和规模效率关系，如表6-3所示。

表6-3　　　　　　　　　　　农户的规模报酬　　　　　　　　　　单位：%

规模效率	规模报酬不变	规模报酬递减	规模报酬递增
[0, 0.2]	46.67	0.00	53.33
(0.2, 0.4]	0.00	0.00	100.00
(0.4, 0.6]	0.00	8.79	91.21
(0.6, 0.8]	0.00	11.81	88.19
(0.8, 1]	9.22	7.41	83.37

在规模效率为 [0, 0.2] 组别中，46.67%的农户处于规模报酬不变阶段，即规模效率为0，53.33%的农户处于规模报酬递增阶段；在规模效率为 (0.2, 0.4] 组别中，农户都处于规模效率递增阶段，意味着对这个阶段的农户应鼓励其扩大种植规模。在规模效率为 (0.4, 0.6] 组别中，8.79%的农户处于规模报酬递减阶段，91.21%的农户处于规模报酬递增阶段；在规模效率为 (0.6, 0.8] 组别中，11.81%的农户处于规模报酬递减阶段，88.19%的农户处于规模报酬递增阶段；在规模效率为 (0.8, 1] 组别中，9.22%的农户处于规模报酬不变阶段，即规模效率为1，7.41%的农户处于规模报酬递减阶段，83.37%的农户处于规模报酬递增阶段。

6.3.4　分地区的农地经营效率

表6-4给出了分地区农地经营效率结构。从表6-4可见，不论是总效率、专业化效率还是规模效率，红河州农户在 (0.8, 1] 区间的比例较昆明市和大理州更多些。两两比较不同地区的农地经营效率，就总效率而言，红河州与大理州无差异，昆明市较其他两个地区显著小（p<0.01）；专业化效

率而言，大理州和红河州无差异，昆明市与其他两个地区显著小（p＜0.05）；就规模效率而言，昆明市＜大理州＜红河州（p＜0.1）。

表6－4 分地区的农地经营效率 单位：%

地区		[0，0.2]	(0.2，0.4]	(0.4，0.6]	(0.6，0.8]	(0.8，1]
总效率	昆明市	58.04	26.92	9.44	3.15	2.45
	大理州	54.38	20.44	12.04	6.20	6.93
	红河州	46.29	32.31	10.92	4.37	6.11
	总体	53.36	26.24	10.77	4.56	5.07
专业化效率	昆明市	35.31	44.76	11.19	3.85	4.90
	大理州	36.86	32.12	15.33	6.93	8.76
	红河州	34.93	39.30	10.04	4.80	10.92
	总体	35.74	38.78	12.29	5.20	7.98
规模效率	昆明市	1.75	4.91	16.14	20.70	56.49
	大理州	1.10	8.46	9.56	18.01	62.87
	红河州	0.00	2.22	8.44	16.00	73.33
	总体	1.02	5.37	11.64	18.41	63.55

6.3.5 分规模的农地经营效率

就分地区的农地经营效率来看，不论是总效率，还是专业化效率和规模效率，红河州都显著地高于昆明市和大理州，这就暗示了农地经营效率与地区经济间的关联性不强，可能与农户的种植面积有关系。因此，这里按种植规模讨论农地经营效率。

按照种植规模，将农户三等分，生产面积在2.6亩以下的为小规模组，2.6～7亩的为中规模组，7亩以上的为大规模组。表6－5给出了不同农地经营规模的效率分布。

表 6 – 5　　　　　　　　　　分规模的农地经营效率　　　　　　　单位：%

效率	总效率			专业化效率			规模效率		
	小规模	中规模	大规模	小规模	中规模	大规模	小规模	中规模	大规模
[0, 0.2]	43.47	33.97	22.57	26.60	42.20	31.21	100.00	0.00	0.00
(0.2, 0.4]	26.44	34.62	38.94	43.65	30.62	25.73	97.62	0.00	2.38
(0.4, 0.6]	19.77	31.40	48.84	33.67	27.55	38.78	80.22	7.69	12.09
(0.6, 0.8]	13.89	47.22	38.89	21.95	43.90	34.15	54.86	30.56	14.58
(0.8, 1]	15.00	35.00	50.00	23.81	23.81	52.38	12.42	44.09	43.49
合计	33.63	34.51	31.86	33.63	34.51	31.86	33.55	34.57	31.89

由表 6 – 5 可看出，小规模农户的农地经营效率分布由低到高呈现递减，大规模农户的农业效率分布由低到高呈现递增，这个特征在规模效率分布里体现得尤为明显。如果两两比较不同规模农户的农地经营效率的话，就综合而言，农户种植规模越大，总效率越高（$p < 0.01$）；就专业化效率而言，小规模与中规模农户之间无显著差异，大规模农户的专业化效率显著地高于小规模和中规模（$p < 0.05$）；就规模效率而言，农户种植规模越大，规模效率越高（$p < 0.01$）。不过，种植面积是计算农地经营效率的投入变量之一，可能这个原因也是导致种植面积与专业化效率有强相关性。

6.4　本章小结

本章为农户的农地经营效率测度，旨在通过分析农户农业生产的各项投入要素和经济产出测算出各自农地经营的效率，为下文农户生产要素配置选择行为提供判别标准，一共分为三个方面进行阐述。

第一，介绍本章的测算方法。随机前沿分析（SFA）方法和数据包络分析（DEA）方法都是测算我国农业生产效率的常用方法，本章选择应用更广的 DEA 方法。由于本书讨论农户的生产和资源配置行为，对农户而言，土地、人力、种肥等要素投入量均可变,所以本章选择规模收益可变的 DEA 方法测算农户的农地经营效率。

第二,调研样本的投入产出指标构建和统计描述。课题组在问卷中设置了农地经营的相关问题,这里选择种植的土地面积、自家劳动力、雇佣劳动力、机械牛工、种肥农药、大棚支架和灌溉的花费作为投入变量,选择种植总收入作为产出变量。

第三,实证结果展示及分析。应用投入导向的 BBC-DEA 模型,得到农户的总效率、规模效率专业化效率。农户的平均总效率仅为 0.27,平均专业化效率为 0.33,平均规模效率为 0.80,改进的空间非常大。就样本来看,农户的种植规模越大,总效率、规模效率和专业化效率都更高。

下一章,将运用本章测得的总效率、规模效率和专业化效率寻找农地流转与农地经营效率的关系。

第 7 章
土地流转与农地经营效率

在人多地少的基本现状很难被改变的条件下，土地流转被赋予了促进规模经营、提高农地经营效率，进而实现农业现代化的重任。第 4 章的理论分析对土地流转提升农地经营效率给出了如下的结论：农地流转使得土地要素在更大范围内得到优化，土地集中产生的规模效应，劳动分工引致的专业化效应，实现农地经营效率改进。第 6 章讨论了样本农户的农地经营效率，按种植规模三等分看，小规模农户的农地平均总效率为 0.2018，中等规模农户的平均总效率为 0.2823，大规模农户的平均总效率为 0.3346。乍看之下，种植面积越大，农地的经营效率就越高，似乎土地流转的确提高了农地经营效率。那么，这种效率提高在实证层面能否实现呢？真的是通过规模效应和专业化效应实现的吗？

本章基于调研样本中经营农地的 793 户微观数据，检验第 4 章提出的子路径：土地流转影响农地经营的效率，从实证层面回答第 4 章第 4.3 节假说 H6 ~ 假说 H8 三个假说。

H6：土地流转提升农地经营效率。

H7：土地流转具有规模效应。

H8：土地流转具有专业化效应。

7.1　农地流转现状

7.1.1　全国与云南的耕地流转情况

自 1954 年 9 月的第一届全国人大一次会议上提出"建设强大的现代化农业"以来，我国政府始终致力于"农业现代化"建设。党的十九大报告提出"加快推进农业农村现代化"，再一次明确了"农业现代化"的建设任务。当前农业现代化进程中遇到了最为棘手的瓶颈难题：农业种植规模过小。如果农业经营规模远在现代生产力水平要求之下，那么科技应用、市场准入、农业持续经营的热情等都变得难以为继，现代农业也就成为一个可望而不可即的奢望。在很大程度上说，小规模经营是我国农业现代化建设成效不显著的"罪魁祸首"（何秀荣，2009）。

图 7 - 1 给出了 2005～2017 年全国和云南省的家庭承包耕地流转情况。2017 年，全国农地流转率达到 36.98%，较 2005 年提升了 32.41%；同期云南省农地流转率达到 20.85%，较 2005 年提升了 18.66%。截至 2019 年 6 月，全国已有 2 万多个承包土地流转服务中心，流转合同率达 70.33%①。以上数据说明，土地流转不论从农户层面、乡镇层面都是农业生产的重要内容之一。

7.1.2　调研地区的农地流转情况

随着经济社会发展和城镇化的推进，进城务工的农民群体越来越庞大，承包土地的经营问题也逐渐显现，衍生出经营权流转。在本书的研究样本

---

① 农业农村部. 如何解决农田丢荒弃耕问题？［EB/OL］. http：//www.tdzyw.com/2019/0718/96458. html，2019 - 09 - 06.

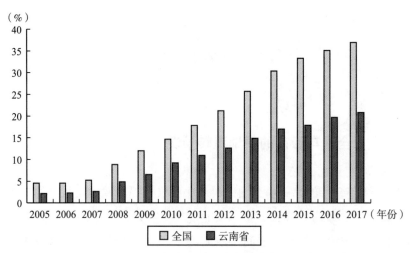

图 7 - 1　2005～2017 年全国和云南省的家庭承包耕地流转率

资料来源：根据云南省农业农村厅提供数据整理。

中，经营权流转最早始于 1996 年，最晚始于 2016 年（即调查当年），流转高潮出现在 2011～2015 年间，75.75% 的农户在此间进行了土地流转行为。

究其原因，2011～2016 年土地产权进行了一次较大调整，导致农民土地配置行为发生了变动。2013 年 7 月，习近平总书记在湖北考察改革发展工作时强调："深化农村改革，完善农村基本经营制度，要好好研究农村土地所有权、承包权和经营权三者之间的关系"[①]，明确了土地产权对农村改革的重要意义。在本书中，2013 年出现了土地流转的最高值，进行土地流转的农户占了总流转农户的 22.96%（见图 7 - 2，流转农户比＝该年度流转土地的农户数／总流转农户数）。随后在 2014 年的中央全面深化改革领导小组第五次会议明确了要在坚持农村土地集体所有制的前提下，促使承包权和经营权分离，形成所有权、承包权、经营权"三权分置"，经营权流转的局面。本书中，2014 年和 2015 两年流转土地的农户占比分别为 10.52% 和 13.52%。

---

① 人民日报，2013 年 7 月 24 日。

图 7 - 2 1996～2016 年调查样本的流转农户比

资料来源：根据云南省农业农村厅提供数据整理。

2016 年，中共中央办公厅、国务院办公厅《关于完善农村土地所有权承包权经营权分置办法的意见》颁布，表明土地"三权分置"政策最终落地。本书调研中，2016 年土地流转农户仅占 2.36%，由于本书课题组在 2016 年年中就结束了调查，因此 2016 年流转数据无法代表调查地区的全年度流转情况。就调研地区总流转率数据来看，2016 年家庭经营权的流转率均比 2010 年有较大提升。2016 年昆明市寻甸县、嵩明县经营权的流转率分别为 38.79% 和 43.61%，而 2010 年两地的流转率仅为 18.98% 和 27.68%；大理州祥云县和宾川县经营权的流转率分别为 29.31% 和 31.17%，而 2010 年两地的流转率仅为 8.57% 和 9.19%；红河州红河县和金平县经营权的流转率分别为 25.42% 和 22.02%，而 2010 年两地的流转率仅为 2.93% 和 13.74%[①]。

7.1.3 调研地区的农地流转与农地经营效率

本书第 6 章测算了从事农地经营的 793 家农户的农地经营效率，表 7 - 1

---

① 2010 年各县区的经营权流转数据通过依申请公开系统获取，来自云南省农业厅。

给出了按生产效率分组的土地流转行为结构。以总效率为例，在生产效率 [0，0.2] 组别中，35.63% 的农户未进行土地流转，51.31% 的农户只转出土地，9.74% 的农户只转入土地，3.33% 的农户同时参与了土地的转出和转入。

表 7-1　　　　　农户土地流转行为与农地经营效率　　　　单位：%

类别		生产效率				
		[0，0.2]	(0.2，0.4]	(0.4，0.6]	(0.6，0.8]	(0.8，1]
总效率	未参与	35.63	47.12	36.05	33.33	60
	只转出	51.31	32.21	29.07	25.0	22.5
	只转入	9.74	17.79	29.07	33.33	15
	转出且转入	3.33	2.88	5.81	5.56	2.5
	小计	100	100	100	100	100
专业化效率	未参与	41.84	39.09	33.67	41.46	44.44
	只转出	42.91	45.28	36.73	31.71	26.98
	只转入	10.99	13.68	24.49	21.95	23.81
	转出且转入	4.26	1.95	5.1	4.88	4.76
	小计	100	100	100	100	100
规模效率	未参与	12.5	23.81	14.29	34.03	48.3
	只转出	75	71.43	72.53	57.64	27.66
	只转入	0	4.76	9.89	7.64	19.64
	转出且转入	12.5	0	3.3	0.69	4.41
	小计	100	100	100	100	100

为更清楚地说明土地流转行为与农地经营效率之间的相关性，本书按土地流转行为分组，检验农地经营效率的差异，结果显示总效率、专业化效率和规模效率上都存在组间差异，也即意味着土地流转行为的确影响农地经营效率。

7.2 研 究 设 计

7.2.1 模型构建

7.2.1.1 土地流转提升农地经营效率

为清晰讨论土地流转行为对农地经营效率的影响，将样本中仍进行农业生产的 793 户农户构成新样本，追踪他们的土地配置行为对农地经营效率的影响。从前文分析可以看出，农户的土地流转行为分为四类：不参与土地流转、只转出土地、只转入土地、同时转出和转入土地。就土地流转而言，农户的土地流转行为又可分为两类：不参与土地流转和参与土地流转。通过比对两种不同的行为，得出土地流转与农地经营效率的关系，如假说 H6 所示（见图 7 - 3）。

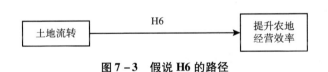

图 7 - 3 假说 H6 的路径

$$CRS = a_1 du + \sum \varphi_{1i} Z_i + C_1 + e_1 \qquad (7.1)$$

其中，$du = 1$ 代表参与土地流转，$du = 0$ 代表不参与土地流转。CRS 为因变量农地经营效率，Z_i 代表农户特征、自然环境、经济社会环境等一系列控制变量，a_1、φ_{1i} 是回归系数，C_1 是截距，e_1 是随机扰动项。

7.2.1.2 土地流转具有规模效应

在家庭联产承包责任制下，土地按照人口进行了均分，导致土地细碎化和分散化。诚如第 5.3.1 节中表 5 - 8 展示，样本户均耕地 3.36 片，承包面积 7.37 亩，平均地片面积仅为 2.43 亩。土地的细碎和分散问题在经济发达地区更为严重。在省会城市昆明市，户均承包土地 3.66 片，平均地片面积为 1.45 亩；在经济较差的红河州，户均承包土地为 3.08 片，平均地片面积达到 4.61 亩，是昆明市的 3.18 倍。土地流转为土地的连片化、集中化和规模化经营提供了可能，有助于改善土地细碎化、分散化和小规模经营的状况，降低农业的平均生产成本，产生规模效应。据此提出土地流转具有规模效应的假说。依据农户是否参与土地流转，得出土地流转与规模效率之间的关系，如假说 H7 所示（见图 7 - 4）。

图 7 - 4 假说 H7 的路径

$$SE = a_2 du + \sum \varphi_{2i} Z_i + C_2 + e_2 \qquad (7.2)$$

其中，$du = 1$ 代表参与土地流转，$du = 0$ 代表不参与土地流转。SE 为因变量农地规模效率，Z_i 代表农户特征、自然环境、经济社会环境等一系列控制变量，a_2、φ_{2i} 是回归系数，C_2 是截距，e_2 是随机扰动项。

7.2.1.3 土地流转具有专业化效应

土地流转有利于农户根据自身禀赋、比较优势参与分工活动并产生专业化分工效率。依据农户是否参与土地流转，得出土地流转与专业化效率之间的关系，如假说 H8 所示（见图 7 - 5）。

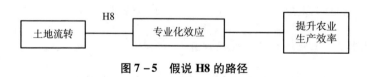

图 7 - 5 假说 H8 的路径

$$PTE = a_3 du + \sum \varphi_{3i} Z_i + C_3 + e_3 \qquad (7.3)$$

其中，$du = 1$ 代表参与土地流转，$du = 0$ 代表不参与土地流转。PTE 为因变量农地专业化效率，Z_i 代表农户特征、自然环境、经济社会环境等一系列控制变量，a_3、φ_{3i} 是回归系数，C_3 是截距，e_3 是随机扰动项。

7.2.2 估计方法

本章的研究主题是讨论土地流转与农地经营效率的关系，即评估农户参与土地流转的效果。一个看似有效的思路是：将全部参与土地流转的农户构成"处理组"，将未参与土地流转的农户构成"控制组"，通过对比处理组和控制组在土地流转前后农地经营效率的变化，可以得到切实的结果，即进行双重差分估计（difference-in-difference estimator）。不过，双重差分方法要求农户随机分在处理组或控制组。事实上，农户家庭特征不同，认知不同，是否参与土地流转的决策与他们对自家的农地经营效率评估、预期收入有很大关联，即土地流转行为是农户自我选择的结果，因此 DID 方法不适用。

本章采用倾向得分匹配（PSM）法评估农户流转土地后的效应，验证假说 H6 ~ 假说 H8，其理论基础是"反事实框架"（Rubin，1974），即"鲁宾因果模型"（Rubin causal model，RCM）。以虚拟变量 $D_i = \{0, 1\}$ 表示农户 i 是否参与土地流转，0 表示未流转，1 表示流转。将农地经营效率记为 y_i，那么 y_{1i} 表示农户 i 流转土地的效率，y_{0i} 表示农户 i 未流转土地的效率。由于农户只能处于一种状态之中，故只能观测到 y_{1i} 或 y_{0i}，而无法同时观测到 y_{1i} 和 y_{0i}。

此时，y_i 可以写作如下形式：

$$y_i = (1 - D_i) y_{0i} + D_i y_{1i} = y_{0i} + (y_{1i} - y_{0i}) D_i \qquad (7.4)$$

其中，$(y_{1i} - y_{0i})$ 为农户 i 参加土地流转的因果效应或处理效应。在"个体处理效应稳定"的假定下，处理效应 $(y_{1i} - y_{0i})$ 为随机变量。$ATE \equiv E(y_{1i} - y_{0i})$ 称为"平均处理效应"或"平均因果效应"，$ATT \equiv E(y_{1i} - y_{0i} \mid D_i = 1)$ 称为

农地流转的"处理效应"或"平均处理效应"，$ATU \equiv E(y_{1i} - y_{0i} \mid D_i = 0)$ 称为农地未流转的"平均处理效应"。

为了让处理组和控制组尽可能相似，参与土地流转的农户（处理组）与未参与土地流转的农户（控制组）按照结果进行匹配，使控制组的主要特征尽可能相似。然后利用流转农户模拟未流转农户的流转后总效率、规模效率和专业化效率，对每个农户的处理效应进行评价，得到"匹配估计量"。

7.2.3　变量选择

7.2.3.1　自变量

设定虚拟变量为农户家庭是否参与土地流转。若该农户参与了土地流转，取值为1；若没有参与土地流转，取值为0。样本中，控制组占了39.95%，处理组占了60.05%。

7.2.3.2　因变量

本章选择本书第6章测算的农地经营效率作为被解释变量，即总效率、专业化效率和规模效率，分别考察土地流转对它们的平均影响。

7.2.3.3　协变量

影响农地经营效率的主要因素包括农户特征、农地特征和经济社会特征等。其中农户特征包括了户主的性别、民族、受教育程度等个体特征和人口规模、抚养情况、房屋情况、是否为贫困户、家庭社会网络等家庭特征。农地特征包括了地块属性、地片分布、分散度、灌溉条件、土壤质量等承包地情况。经济社会特征包括种植中是否接受过培训（指导）、培训指导的费用、产品的销售方式、家庭是否因发展生产资料或购买农用机械产生负债等生产技术、产品市场和信贷类情况。

本书第5章给出了959户农户的农户特征和土地特征，包含了仍从事农地经营的 793 户农户，农户特征和土地特征就不再赘述。就经济社会特征而言，793 户农户中，接受过培训的有 67 户，占了 8.4%；在培训支出上 5 户支出为 2 元，仅有 1 户在培训指导上花费了 44500 元；在销售方式上，仅有 149 户以散卖、卖给批发商和其他售卖方式出售过农产品，81.2% 的农户在调查年份里未出售过农产品；在信贷上，有 102 户为发展农业生产资料筹措过资金，占农户的 12.90%，仅有 8 户为购买农用机械设备筹措过资金。

基于协变量的数据结构最终选取了户主的性别、受教育程度、民族、家庭劳动力数量、房屋面积、机构任职、村干部关系、土地细碎度、耕地质量、耕地比、农业生产借贷。变量的种类及各自含义如表 7 - 2 所示。

表 7 - 2 　　　　　　　　　　　变量的种类及含义

变量种类	变量名称	变量含义
自变量	土地流转	是否参与了土地流转（1 = 是，0 = 否）
因变量	总效率	农地经营的总效率
	专业化效率	农地经营的专业化效率
	规模效率	农地经营的规模效率
协变量	性别	户主性别（1 = 男，2 = 女）
	受教育程度	户主受教育程度［1 = 文盲，2 = 小学，3 = 初中，4 = 高中（中专），5 = 大专，6 = 本科及以上］
	民族	0 = 汉族，1 = 少数民族
	家庭劳动力数量	家庭劳动力数量
	房屋面积	房屋面积（平方米）
	机构任职	家庭机构任职情况（1 = 有，0 = 无）
	村干部关系	家庭与村干部关系（糟糕 = 1，一般 = 2，融洽 = 3）
	土地细碎度	土地细碎度（亩/片）（承包地总面积/地片数）
	耕地质量	承包耕地质量（1 = 好，2 = 中，3 = 差）
	耕地比	耕地面积比（%）（耕地面积/耕地园地总面积）
	农业生产借贷	是否为生产资料借贷（1 = 是，0 = 否）

7.2.4 变量的描述性统计

为了对自变量、因变量和协变量有初步了解，本书对涉及的变量进行描述性统计，详见表7-3。

表7-3　　　　　　　　　　变量的描述性统计

变量种类	变量名称	观测值	均值	标准差	最小值	最大值
自变量	土地流转	793	0.60	0.49	0.00	1.00
因变量	总效率	793	0.27	0.23	0.00	1.00
	专业化效率	793	0.33	0.24	0.00	1.00
	规模效率	793	0.80	0.22	0.00	1.00
协变量	性别	793	1.08	0.28	1.00	80.00
	受教育程度	793	2.37	0.81	1.00	2.00
	民族	793	0.34	0.47	0.00	1.00
	家庭劳动力数量	793	2.71	1.12	0.00	7.00
	房屋面积	785	166.76	161.53	15.00	3360.00
	机构任职	793	0.10	0.30	0.00	1.00
	村干部关系	676	2.19	0.55	1.00	3.00
	土地细碎度	793	2.42	3.04	0.15	28.00
	耕地质量	728	1.85	0.63	1.00	3.00
	耕地比	793	0.92	0.22	0.00	1.00
	农业生产借贷	793	0.13	0.36	0.00	1.00

第一，要求自变量、因变量完整，有效样本有793个，是调查样本中仍从事农业种植活动的那些农户。

第二，农地流转考察农户是否参与土地流转，1表示参与了土地流转，包括只转出土地、只转入土地和同时转出和转入土地；0表示未参与土地流转。该指标的最小值为0、最大值为1，均值为0.60。

第三，总效率、专业化效率和规模效率来自第 6 章的农地经营效率测算结果。总效率的最小值为 0、最大值为 1，均值为 0.27；专业化效率的最小值为 0、最大值为 1，均值为 0.33；规模效率的最小值为 0、最大值为 1，均值为 0.80。

第四，协变量中耕地质量表示家庭承包耕地的平均质量。课题组询问了每一块承包耕地的质量，根据农户自述计算了每户家庭的平均耕地质量。耕地质量在问卷中是分类变量，用 1、2、3 分别表示单块耕地质量的好、中、差，在这里是连续变量，表示农户家庭承包耕地的平均质量。

7.3　实证结果与分析

按照 PSM 法的实证思想，先根据倾向得分计算将十一维协变量的信息压缩到一维，查看观测值的取值范围，接着做倾向得分匹配估计全部人、参与者、非参与者的平均处理效应，最后进行平衡性假设检验和稳健性检验。

7.3.1　倾向得分的取值范围

在进行 PSM 估计前，作为参照，对总体样本的土地流转行为与总效率、专业化效率和规模效率的关系进行简单回归。在未控制其他解释变量的情况下，农户土地流转行为对总效率的平均处理效应为 -0.038，显著性水平接近 1%（p = 2.0%）；对规模效率的平均处置效应为 -0.085，在 1% 的水平下显著（p = 0.0%）；对专业化效率的影响不显著。意味着土地流转会降低总效率和规模效率，这一结果与理论不符，可能存在选择偏差和遗漏变量等问题，需要通过更为严谨的实证分析对此结果进行验证。

选择半径卡尺的倾向得分法对处理组与控制组进行匹配，计算倾向得分，共同取值范围见图 7-6。从图 7-6 中可知，大多数观测值均在共同取值范围内，在进行倾向得分匹配时仅会丢失少量样本（12 个）。

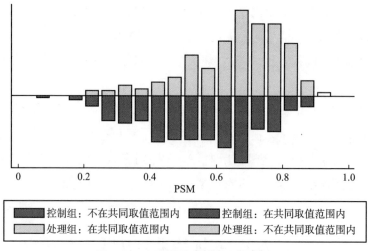

图 7 - 6 倾向得分的共同取值范围

7.3.2 倾向得分匹配的结果

采用半径卡尺匹配法对处理组与控制组进行匹配，采用自助法获得参与者平均处理效应（ATT）和非参与者平均处理效应（ATU）。就考察土地流转与农地经营效率的关系而言，ATT 指标更加重要，它衡量了土地流转者的效率收益。

从表 7-4 显示的匹配情况看，户主的个体特征都显著，家庭特征中的家庭劳动力数量显著，房屋面积和社会关系变量都不显著，农地特征都显著，经济社会特征不显著。这说明农户是否参与土地流转与户主个体情况、家庭的劳动力数量和耕地情况有较强的相关性。具体来说，男性户主土地流转行为比女性户主更多，户主的受教育程度与流转行为正相关，汉族户主土地流转行为比少数民族户主更多，家庭劳动力数量越多越参与流转，土地越细碎越少参与流转，耕地质量越差越少参与流转，承包地中耕地比重越高越多参与流转。

表 7 - 4   土地流转的倾向匹配得分结果与平均处理效应

变量	总效率	规模效率	专业化效率
性别	0.6389 *	0.6389 *	0.6389 *
受教育程度	0.2079 *	0.2079 *	0.2079 *
民族	- 0.8116 ***	- 0.8116 ***	- 0.8117 ***
家庭劳动力数量	0.1371 *	0.1371 *	0.1371 *
房屋面积	0.0009	0.0009	0.0009
机构任职	- 0.0849	- 0.0849	- 0.0849
村干部关系	0.1367	0.1367	0.1367
土地细碎度	- 0.0652 *	- 0.0652 *	- 0.0652 *
耕地质量	- 0.5211 ***	- 0.5211 ***	- 0.5211 ***
耕地比	1.3785 **	1.3785 **	1.3785 **
农业生产借贷	0.2357	0.2357	0.2357
常数项	- 0.4749	- 0.4749	- 0.4749
ATT	- 0.0565 **	- 0.1211 ***	- 0.0067
ATU	- 0.0426 **	- 0.0768 ***	- 0.0081
ATE	- 0.0512 **	- 0.1041 ***	- 0.0072

注：*、**、*** 分别表示 10%、5% 和 1% 水平下显著。ATT、ATU 和 ATE 的 p 值由自助法得到。

从回归结果看，总效率、规模效率的平均处理效应显著，专业化效率的平均处理效率不显著，说明土地流转行为仅影响总效率和规模效率，不影响专业化效率，这个情况与未引入控制变量的简单回归一致。从经济意义上看，该结果表明对参与土地流转的农户而言，参与土地流转，其总效率下降 0.057，规模效率下降 0.121，均在 5% 水平下显著。回归结果显示，农地流转没有改进农地经营的总效率和规模效率，反而有一定程度的负效应，对总效率的负效应比较轻微，对规模效率的负效应大一些。

"反事实"框架意味着，处于控制组和处理组的农户具备相似的个体特征、家庭特征和土地特征，即控制组农户具备参与土地流转的能力和条件，未来可能会参与到土地流转中去，其农地经营的总效率和规模效率会出现一定程度的下降。该结论表明土地流转没有遵循效率原则，没有给农户带来资源配置效率的显著改善，反而有负效应。这个结果与李承政等（2015）、诸培新等（2015）、张建等（2017）、翟黎明等（2017）、余杭等（2019）学者的研究结论一致。

7.3.3 负效应的解释

PSM 法估计中，参与者与未参与者的平均差异如下：

$$E(y_{1i}/D_i = 1) - E(y_{0i}/D_i = 0) = E(y_{1i}/D_i = 1) - E(y_{0i}/D_i = 1)$$
$$+ E(y_{0i}/D_i = 1) - E(y_{0i}/D_i = 0) \qquad (7.5)$$

其中，$E(y_{1i}/D_i = 1) - E(y_{0i}/D_i = 0)$ 表示流转与未流转的平均差异，即 ATE；$E(y_{1i}/D_i = 1) - E(y_{0i}/D_i = 1)$ 表示流转的平均收益，即 ATT；$E(y_{0i}/D_i = 1) - E(y_{0i}/D_i = 0)$ 表示选择偏差，即如果两类农户都没有参加土地流转的效率差。根据表 7 - 4，总效率的选择偏差为 0.005，规模效率的选择偏差为 0.017，流转农户本来的总效率和规模效率都比未流转农户更高一些。一个可能的原因是高能力者退出农业，土地并没有从低能力者向高能力者流动，反而由高能力者向低能力者流动。

7.3.4 平衡性检验

接下来我们考察卡尺半径的匹配方法是否较好地平衡了数据，结果如表 7 - 5 所示。检验结果显示，匹配后所有变量的标准化偏误小于10%，T 检验不拒绝处理组与控制组无系统差异的原假设。对比匹配前的结果，变量的标准化偏误均大幅缩小。

表 7 - 5　　　　　　　　　　卡尺半径匹配法的平衡性检验

变量	匹配项	均值		偏误（%）	减少偏误绝对值（%）	T 检验	
		处理组	控制组			T	p > |T|
性别	未匹配	1.10	1.06	17.4	71.2	2.02	0.04
	匹配后	1.09	1.08	5.0		0.65	0.52
受教育程度	未匹配	2.42	2.25	22.2	82.8	2.57	0.01
	匹配后	2.41	2.44	- 3.8		- 0.28	0.78
民族	未匹配	1.23	1.44	- 45.5	80.6	- 5.58	0.00
	匹配后	1.24	1.27	- 8.8		1.26	0.21
家庭劳动力数量	未匹配	2.73	2.65	6.9	35.2	0.84	0.40
	匹配后	2.74	2.78	- 4.4		0.72	0.47
房屋面积	未匹配	174.97	150.44	15.3	92.1	1.73	0.08
	匹配后	165.70	162.35	1.2		0.24	0.81
机构任职	未匹配	1.87	1.91	- 12.4	44.2	- 1.46	0.15
	匹配后	1.87	1.85	6.9		0.84	0.40
村干部关系	未匹配	2.21	2.16	8.9	89.0	1.08	0.28
	匹配后	2.21	2.21	- 1.0		- 0.13	0.90
土地细碎度	未匹配	1.91	2.70	- 28.9	81.4	- 3.60	0.00
	匹配后	1.94	2.09	- 5.4		- 0.93	0.35
耕地质量	未匹配	1.76	1.98	- 35.2	75.5	- 4.32	0.00
	匹配后	1.78	1.72	8.6		1.21	0.23
耕地比	未匹配	0.97	0.94	19.4	92.1	2.38	0.02
	匹配后	0.97	0.97	- 1.5		- 0.27	0.79
农业生产借贷	未匹配	0.13	0.11	6.8	- 8.1	0.81	0.42
	匹配后	0.13	0.15	- 7.4		- 0.96	0.34

7.3.5 稳健性检验

为了说明倾向得分匹配方法的稳健性，使用一对四近邻匹配法、局部线性回归匹配法、核匹配、半径内 k 近邻匹配和马氏匹配法估计土地流转的平均处理效应 ATT。从表 7-6 检验结果看，5 种倾向得分匹配的结果与主检验的结果十分相近，且总效率的处理效应基本都在 5% 水平下显著，规模效率的处理效应都在 1% 水平下显著，说明平均处理效应非常稳健。

表 7-6 土地流转的稳健性检验

方法	k 近邻匹配 (k = 4)	局部线性回归匹配	核匹配	半径内 k 近邻匹配 (k = 4)	马氏匹配 (k = 4，m = 4)
总效率	- 0.0591 **	- 0.0618 **	- 0.0495 **	- 0.0608 ***	- 0.0395 *
规模效率	- 0.1265 ***	- 0.1265 ***	- 0.1194 ***	- 0.1266 ***	- 0.1046 ***

注：*、**、*** 分别表示 10%、5% 和 1% 水平下显著。

7.4 流转行为的进一步讨论：土地转出与农地经营效率

上一节的实证结果表明，参与土地流转的农户，其农地经营效率和规模效率出现了下降。这是不是就意味着引导土地有序流转、赋予农民收入新增长点的政策意图出现了问题呢？还是说真的是高能力者退出农业，农地由高能力者向低能力者流动呢？本节和下一节根据土地流转行为做分类，讨论土地转出和转入农户的效率差异。

农户参与土地流转的行为有三类：只转出、只转入以及同时转出和转入。对于同时转出和转入的农户，他们可能将种植条件差、偏远的土地转出，转入了更适合耕种的土地，转出土地的目的除获得土地租金外，更多的是为了扩大生产规模,继续从事农业种植活动,也即转出土地的目的是为了转入。因此,这里将既参与土地转出、又参与土地转入的农户,计入转入户。

7.4.1 平均处理效应估计

设定虚拟变量为农户家庭是否参与土地转出。若该农户参与了土地转出,取值为1;若没有参与土地流转,取值为0。样本容量为642户农户,其中控制组占了49.22%,处理组占了50.78%。根据土地转出与否分别总效率、专业化效率和规模效率估计平均处理效应,结果如表7-7所示。参与土地转出对总效率的平均效应为正,土地转出平均使农地经营的总效率下降,规模效率也下降,均在1%水平下显著,土地转出对专业化效率的影响仍然不显著。

表7-7 转出土地的 PSM 法得分结果与平均处理效应

变量	总效率	规模效率	专业化效率
性别	0.4244	0.4804	0.4804
受教育程度	0.1791	0.1755	0.1755
民族	-1.1179 ***	-1.1176 ***	-1.1176 ***
家庭劳动力数量	0.1678 *	0.1672 *	0.1672 *
房屋面积	0.0009	0.0009	0.0009
机构任职	-0.0246	0.0483	0.0483
村干部关系	0.1761	0.1629	0.1629
土地细碎度	-0.0867 *	-0.0846 *	-0.0846 *
耕地质量	-0.5031 ***	-0.4798 ***	-0.4798 ***
耕地比	2.8723 ***	3.4182 ***	3.4182 ***
农业生产借贷	0.0224		

变量	总效率	规模效率	专业化效率
常数项	-1.7441 **	-3.6533 ***	-3.6533 ***
ATT	-0.0862 ***	-0.1691 ***	-0.0267
ATU	-0.0656 ***	-0.1286 ***	-0.0238
ATE	-0.0767 ***	-0.1505 ***	-0.0252

注: * 、 ** 、 *** 分别表示 10%、5% 和 1% 水平下显著。ATT、ATU 和 ATE 的 p 值由自助法得到。

该结论意味着参与土地转出，农户的总效率和规模效率会出现一定程度的下降。土地转出没有给农户带来资源配置效率的显著改善，仍然具有负效应。与土地流转的负效应相比，无论在总效率还是规模效率上，土地转出的负效应更大一些。根据表 7-7，总效率的选择偏差为 0.010，规模效率的选择偏差为 0.019，土地流出农户其总效率和规模效率都比未参与的农户更高一些，这个结果说明了农地的确从高能力农户流出。

7.4.2　平衡性检验与稳健性检验

选择半径卡尺的倾向得分法对处理组与控制组进行匹配，计算倾向得分。匹配时仅丢失 10 个样本，绝大多数观测值均在共同取值范围内。对匹配前后控制变量的标准误做检验，表 7-8 结果显示，匹配后绝大多数变量的标准化偏误小于 5%，T 检验结果不拒绝处理组与控制组无系统差异的原假设。对比匹配前的结果，变量的标准化偏误均大幅缩小。匹配方法通过平衡性检验，表明倾向得分匹配消除了处理组与控制组样本的异质性特征，ATT 估计结果更为可信。

表7-8　　　　　　　　　　　　　卡尺半径匹配法的平衡性检验

变量	匹配项	均值		偏误（%）	减少偏误绝对值（%）	T检验	
		处理组	控制组			T	p > |T|
性别	未匹配	1.10	1.06	15.5	88.0	1.72	0.09
	匹配后	1.09	1.10	-1.9		-0.20	0.84
受教育程度	未匹配	2.42	2.25	22.1	78.4	2.49	0.01
	匹配后	2.40	2.44	-4.8		-0.56	0.58
民族	未匹配	1.18	1.44	-59.4	98.6	-6.75	0.00
	匹配后	1.18	1.19	-0.8		-0.11	0.92
家庭劳动力数量	未匹配	2.70	2.66	3.9	76.7	0.44	0.66
	匹配后	2.70	2.69	0.9		0.11	0.91
房屋面积	未匹配	174.04	150.48	15.8	82.0	1.74	0.08
	匹配后	165.52	170.65	-2.8		-0.47	0.64
机构任职	未匹配	0.12	0.10	7.9	73.2	0.88	0.38
	匹配后	0.12	0.12	2.1		0.23	0.82
村干部关系	未匹配	2.19	2.16	5.6	98.0	0.63	0.53
	匹配后	2.19	2.20	-0.1		-0.01	0.99
土地细碎度	未匹配	1.92	2.72	-37.7	89.2	-4.28	0.00
	匹配后	1.93	1.84	-4.1		-0.63	0.53
耕地质量	未匹配	1.72	1.98	-35.8	85.9	-4.05	0.00
	匹配后	1.74	1.73	5.1		0.63	0.53
耕地比	未匹配	0.98	0.94	33.3	87.9	3.80	0.00
	匹配后	0.98	0.98	4.0		0.64	0.52
农业生产借贷	未匹配	0.20	0.11	23.8	41.3	2.10	0.04
	匹配后	0.18	0.13	14.0		0.96	0.34

因专业化效率不显著，故专业化效率未做稳健性检验。总效率和规模效率的稳健性检验，结果如表7-9所示，5种不同匹配结果均表明，总效率和规模效率的ATT估计结果十分稳健。

表 7 – 9   转出土地的稳健性检验

方法	k 近邻匹配 （k = 4）	局部线性回归 匹配	核匹配	半径内 k 近邻匹配 （k = 4）	马氏匹配 （k = 4，m = 4）
总效率	– 0.0728 ***	– 0.0945 **	– 0.0842 ***	– 0.0715 ***	– 0.0717 ***
规模效率	– 0.1643 ***	– 0.1714 ***	– 0.1699 ***	– 0.1629 ***	– 0.1592 ***

注： * 、 ** 、 *** 分别表示 10% 、5% 和 1% 水平下显著。

7.4.3 土地转出与非农比较优势

上述实证结果显示，农地流出没有改进农地经营的规模效率，也没有改进总效率，与专业化效率无显著相关性。假说 H7 被证伪。高能力农户，未选择扩大生产规模、提升农地经营效率，反而选择转出土地、缩小生产规模，一个可能的解释是：相较于农业生产，农户非农生产更具优势，农户更倾向于将劳动力投入到收益更高的务工、养殖或其他经营性活动，获得其他劳动性收入。基于此，本书讨论土地转出与其他劳动收入性的关系。

课题组在问卷中询问了农户家庭的多种收入：种植收入、养殖收入、务工收入、除种植养殖外的经营性收入、土地流转收入、其他财产收入和转移支付收入等，将养殖收入、除种植养殖外的经营性收入、务工收入统称为其他劳动性收入。该指标的最小值为 – 352.67 元，最大值为 330000 元，均值为 14804.03 元，标准差为 21141.14 元。

据土地转出与否估计家庭其他非农劳动性收入的平均处理效应，结果如表 7 – 10 所示。土地转出平均可使农户家庭的人均其他劳动性收入增加5411.41 元，土地转出农户的确在非农生产上更具优势。此回归结果也通过了平衡性检验和显著性检验，这里不再赘述。

表 7 – 10   土地转出农户的平均处理效应

变量	其他劳动性收入
性别	0.4225
受教育程度	0.1993
民族	– 1.1009 ***
家庭劳动力数量	0.1658 *
房屋面积	0.0009
机构任职	– 0.0539
村干部关系	0.1469
土地细碎度	– 0.0876 *
耕地质量	– 0.5396 ***
耕地比	3.1241 ***
农业生产借贷	0.0346
常数项	– 3.4036 ***
ATT	5411.41 **
ATU	1318.98
ATE	3555.83 *

注：＊、＊＊、＊＊＊分别表示 10%、5% 和 1% 水平下显著。ATT、ATU 和 ATE 的 p 值由自助法得到。

7.5 流转行为的进一步讨论：土地转入与农地经营效率

土地转出没有给农户带来资源配置效率的显著改善，仍然具有负效应。对两类农户的选择偏差进行考察，土地流出农户其总效率和规模效率都比未参与的农户更高一些，说明了农地的确从高能力者手中流出。高能力农户在非农生产上更具优势，更倾向于将劳动力投入到收益高的务工、养殖或其他经营性活动。那么，土地转入行为对农地经营效率的影响又如何呢？

7.5.1 平均处理效应估计

设定虚拟变量为农户家庭是否参与土地转入。若该农户参与了土地转入，取值为1；若没有参与土地流转，取值为0。样本容量为450个，控制组占了70.44%，处理组占了29.56%。根据土地转入与否分别总效率、专业化效率和规模效率估计平均处理效应，结果如表7-11所示。参与土地转入有助于改善专业化效率和总效率，对规模效率无显著影响。对全部农户来说，土地转入平均可以提升专业化效率，提升总效率，均在10%水平下显著。

表7-11　　　　　转入土地的倾向匹配得分结果与平均处理效应

变量	总效率	规模效率	专业化效率
性别	0.9565 **	0.9565 **	0.9565 **
受教育程度	0.1938	0.1938	0.1938
民族	−0.1370	−0.1370	−0.1370
家庭劳动力数量	0.1166	0.1166	0.1166
房屋面积	0.0011	0.0011	0.0011
机构任职	−0.1684	−0.1684	−0.1684
村干部关系	0.0752	0.0752	0.0752
土地细碎度	−0.0262	−0.0262	−0.0262
耕地质量	−0.4663 **	−0.4663 **	−0.4663 **
耕地比	−0.1655	−0.1655	−0.1655
农业生产借贷	0.7588 **	0.7588 **	0.7588 **
常数项	−1.4488	−1.4488	−1.4488
ATT	0.0283	0.1595	0.0397
ATU	0.0422	0.2120	0.0625 *
ATE	0.0380 *	0.0196	0.0555 *

注：*、**、***分别表示10%、5%和1%水平下显著。ATT、ATU和ATE的p值由自助法得到。

7.5.2 平衡性检验与稳健性检验

选择半径卡尺的倾向得分法对处理组与控制组进行匹配，计算倾向得分。匹配时仅丢失 13 个样本，绝大多数观测值均在共同取值范围内。对匹配前后控制变量的标准误做检验，据表 7－12 结果显示，匹配后绝大多数变量的标准化偏误小于 5%，T 检验结果不拒绝处理组与控制组无系统差异的原假设。对比匹配前的结果，变量的标准化偏误均大幅缩小。匹配方法通过平衡性检验，表明倾向得分匹配消除了处理组与控制组样本的异质性特征，ATT 估计结果更为可信。

表 7－12　　　　　　　卡尺半径匹配法的平衡性检验

变量	未匹配/匹配	均值		偏误（%）	减少偏误绝对值（%）	T 检验	
		处理组	控制组			T	p > |T|
性别	未匹配	1.12	1.06	22.3	63.1	2.00	0.05
	匹配后	1.10	1.13	－0.82		－0.51	0.61
受教育程度	未匹配	2.43	2.24	22.3	96.7	2.22	0.02
	匹配后	2.41	2.40	0.7		0.05	0.96
民族	未匹配	1.39	1.44	－11.7	61.2	－0.98	0.33
	匹配后	1.39	1.41	－4.5		－0.32	0.75
家庭劳动力数量	未匹配	2.81	2.66	13.1	60.8	1.14	0.25
	匹配后	2.82	2.76	5.1		0.40	0.68
房屋面积	未匹配	171.77	150.48	18.3	96.0	1.56	0.12
	匹配后	168.37	167.99	0.8		0.05	0.96
机构任职	未匹配	1.86	1.90	－15.1	92.2	－1.31	0.19
	匹配后	1.86	1.86	－1.2		－0.07	0.94

续表

变量	未匹配/匹配	均值		偏误（%）	减少偏误绝对值（%）	T 检验	
		处理组	控制组			T	p>|T|
村干部关系	未匹配	2.20	2.16	8.8	28.7	0.76	0.44
	匹配后	2.21	2.18	4.8		0.35	0.72
土地细碎度	未匹配	2.45	2.69	−8.4	52.3	−0.68	0.50
	匹配后	2.46	2.35	4.0		0.29	0.77
耕地质量	未匹配	1.78	1.97	−31.5	65.6	−2.57	0.01
	匹配后	1.80	1.72	10.8		0.78	0.44
耕地比	未匹配	0.93	0.94	−4.6	75.8	−0.40	0.69
	匹配后	0.94	0.94	−1.1		−0.08	0.93
农业生产借贷	未匹配	0.20	0.11	23.8	41.3	2.10	0.04
	匹配后	0.18	0.13	14.0		0.96	0.34

因土地转入行为的规模效率不显著，这里未做稳健性检验。总效率和专业化效率的稳健性检验结果，如表 7 - 13 所示。5 种不同匹配结果表明，专业化效率的 ATE 估计结果比较稳健。核匹配和马氏邻匹配都在 10% 水平下显著，且平均处理效应变化不大。

表 7 - 13　　　　　　　　　转入土地的稳健性检验

方法	k 近邻匹配（k = 4）	局部线性回归匹配	核匹配	半径内 k 近邻匹配（k = 4）	马氏匹配（k = 4，m = 4）
总效率	0.0336	0.0353	0.0402	0.0390	0.0437 *
专业化效率	0.0557	0.0606	0.0642 *	0.0618	0.0681 **

注：* 、** 、*** 分别表示 10%、5% 和 1% 水平下显著。ATE 的 p 值由自助法得到。

7.5.3 土地转入与现代化设施投放

上述实证结果显示，农地流入改进农地经营的专业化效率和总效率，与规模效率无显著相关性，表明农地流转产生专业化效应，但未产生规模效应。于是，假说 H8 得证。

农户转入土地，扩大农业种植规模，未产生规模效应，只有专业化效应，一个可能的解释是：随着土地要素投入，农户逐渐突破了"小农"经营的限制，投入现代化的生产设施，采用大中型机械等先进生产设备，提高生产的专业化效率。

课题组在问卷中询问了农户在土地转入后是否进行了地块合并，是否在土地上建设大棚、支架等生产设施，是否在土地上建设厂房等问题。提取变量后，分别与专业化效率做 OLS 回归，结果显示在土地流入的 149 个样本中，建设生产设施对专业化效率的平均处置效应为 0.130，在 5% 水平下显著。该结果说明，农户转入土地后，投放现代化生产设施，的确提升了农业的专业化效率。

7.6 本 章 小 结

本章寻找子路径的经验证据，旨在考察不同的土地流转行为对农业生产的总效率、专业化效率和规模效率的影响，检验农户土地配置行为与农地经营效率的关系。本章一共分五个部分进行。

第一，介绍农地流转的现状。农地流转是农户对农业生产要素进行再配置的重要手段，当前全国农地的平均流转率达到 36.98%，云南省达到 20.85%，调研地区达到 63.82%。调研地中的红河州以热带水果种植闻名，香蕉是其主要农产品；大理州以水果和蔬菜种植闻名，祥云县的蔬菜和宾川县的水果不仅销往北京、上海等知名城市，2018 年以后还远销沙特等国；昆明市的寻甸县和嵩明县两县，农户非农就业机会多，土地流转也很活跃。

第二，介绍了研究设计。对假说 H6 ~ 假说 H8 三个假说构建相应模型。为更加清晰讨论农户土地配置行为对农地经营效率的影响，本章采用倾向得分匹配法（PSM）验证假说，根据农户行为设立流转的处理组和未流转的控制组，使用匹配方法使控制组的主要特征尽可能相似，然后利用流转组模拟未流转组参与流转，比较农户在流转和不流转这两种互斥事实下农地经营效率的差异。本章选取总效率、专业化效率和规模效率为因变量，农户特征、农地特征和经济社会特征变量为协变量。

第三，验证流转对农地经营效率的影响，估计土地流转对总效率、专业化效率和规模效率的平均处理效应。在未控制其他解释变量的情况下，土地流转对总效率的平均处理效应为 - 0.038，对规模效率的平均处置效应为 - 0.085，对专业化效率的影响不显著。倾向得分匹配后，流转农户的总效率、规模效率下降，均在 5% 水平下显著。农地流转没有产生规模效应和专业化效应，反而有一定程度的负效应。对两类农户的选择偏差进行考察，总效率的选择偏差为 0.005，规模效率的选择偏差为 0.017，这表明流转农户本身的总效率和规模效率都比未流转的农户更高一些。

第四，讨论土地转出对农地经营效率的影响。实证结果表明，转出土地的农户，总效率和规模效率较未流动者低。土地转出没有给农户带来资源配置效率的显著改善，仍然具有负效应。对两类农户的选择偏差进行考察，转出农户本身的总效率和规模效率都比未流动农户更高一些，这个结果说明了农地的确从高能力者流出。土地转出与为流动者的其他劳动性收入匹配结果表明，土地转出者农户在非农生产上更具优势，更倾向于将劳动力投入到收益更高的务工、养殖或其他经营性活动，土地转出平均可使农户家庭的人均其他劳动性收入增加 5411.41 元。

第五，寻找土地转入对农地经营效率的影响。对农户来说，参与土地转入有助于改善专业化效率和总效率，对规模效率无显著影响。农户转入土地后，投放现代化生产设施，对专业化效率的平均处置效应为 0.130，的确提升了农业的专业化效率。

在农地流转行为里，由于流转农户的总效率和规模效率都比未流转农户更高一些，即存在选择偏差，故土地流转没有给农户带来资源配置效率的显著改善，反而有负效应。对此，提出了一个可能的解释：高能力者退出农业，土地并没有从低能力者向高能力者流动，反而由高能力者向低能力者流动。为了考察这个解释，在第 7.4 节和第 7.5 节两节进一步讨论了土地转出和转入行为对农地经营效率的影响。通过比较土地转出与未流转的农户的三种效率，得到结论：土地转出具有负效应，进一步说明了农地的确从高能力者流出，与李承政等（2015）的观点一致。不过可惜的是，在比较土地转入与未流转农户中，没有进一步得到土地转入具有负效应的结论，也没有得到农地流入低能力者手中的结论。这个结论虽然没有完全印证"农地由高能力者向低能力者流动"的解释，不过印证了"土地没有从低能力者向高能力者流动"的解释，与余航等（2019）观点一致。

第 8 章

农户产权认知影响农民收入：农户行为的视角

在农村，土地是农户拥有的主要财产之一，土地征用补偿收入和承包经营权流转收入占农民总财产性收入很大比例。农地产权与土地征用、农民收入之间的关系课题组已作讨论①。本章将从农户行为视角，讨论农地产权认知影响农民收入的具体路径，即在农地产权认知与农民收入的关系中，讨论农户的土地和劳动力配置行为所起的作用。

本章基于调研样本的微观数据，检验第 4 章提出的主路径：农地产权认知通过农户行为影响农民收入，从实证层面回答第 4 章第 4.2 节的假说 H1 ～ 假说 H5 五个假说。本章的样本量为 959 户。

H1：农地产权认知对农民收入产生正向影响。

H2：土地流转在农地产权认知与农民收入的关系中具有中介作用。

H3：劳动力流动在农地产权认知与农民收入的关系中具有中介作用。

H4：土地流转在农地产权认知与农民收入的关系中具有调节作用。

H5：劳动力流动在农地产权认知与农民收入的关系中具有调节作用。

---

① 李帆，王敏正，江淑斌. 地权安排、土地流转与城乡经济［J］. 经济问题探索，2020（2）：51－60.

8.1 研究设计：模型、方法及变量

8.1.1 模型构建

8.1.1.1 农地产权认知与农民收入

如图 8 - 1 显示，农地产权认知影响农民收入。农户认为产权越稳定、越分散化，就越能在既定约束下，根据目标函数进行资源配置，能获得高收入。

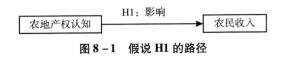

图 8 - 1 假说 H1 的路径

估计模型如下：

$$Y = cX + \sum \varphi_{1i}Z_i + C_1 + e_1 \qquad (8.1)$$

其中，X 是农户的产权认知，Y 是农民的收入，Z_i 是农户特征、自然环境、经济社会环境等一系列协变量，c 是农地产权对农民收入的总效应，φ_{1i} 是协变量的回归系数，C_1、e_1 是截距和随机扰动项。

8.1.1.2 农地产权认知与农民收入的中介效应模型

如图 8 - 2 显示，农地产权认知影响农户土地和劳动力配置的行为，农户行为影响农民收入，即农地产权认知通过农户的土地配置和劳动力配置影响农民收入。这里将农户的土地配置行为和劳动力配置行为作为中介，分别检验土地流转和劳动力流动在农地产权认知与农民收入关系中的中介作用。

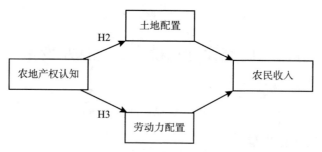

图 8 − 2　假说 H2 和假说 H3 的路径

用下列回归方程来描述农户行为对农地产权认知与农民收入关系的中介:

$$M = aX + \sum \varphi_{2i}Z_i + C_2 + e_2 \tag{8.2}$$

$$Y = c'X + bM + \sum \varphi_{3i}Z_i + C_3 + e_3 \tag{8.3}$$

其中, X 是农地产权认知, Y 是农民的收入, Z_i 是农户特征、自然环境、经济社会环境等控制变量。a 是农地产权认知对农户行为的效应; b 是控制了农地产权认知的影响后, 农户行为影响农民收入的效应; c' 是控制了农户行为的影响后, 农地产权认知对农民收入的直接效应; φ_{2i}、φ_{3i} 是协变量的回归系数; C_2、C_3、e_2、e_3 是截距和随机扰动项。

对于这样的农户行为中介效应模型, 中介效应等于间接效应, 即等于系数乘积 ab, 它与总效应和直接效应的关系如下:

$$c = c' + ab \tag{8.4}$$

8.1.1.3　农地产权认知与农民收入的调节效应模型

如图 8 − 3 显示, 在农地产权认知与农民收入的关系中, 农户行为可能不只起中介作用, 还会影响农地产权认知对农民收入的影响, 即起调节作用。农户行为调节作用可以以两种方式产生: 一是农户行为可以在一定程度上影响农地产权认知影响农民收入的强度; 二是影响农地产权认知影响农民收入的方向。

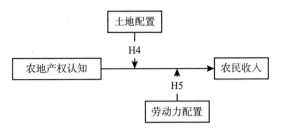

图 8 – 3　假说 H4 和假说 H5 的路径

用下列回归方程来描述农户行为对土地产权认知与农民收入关系的调节：

$$Y = s_{21}X + t_{22}M + \sum \varphi_i Z_i + C_2 + e_2 \qquad (8.5)$$

$$Y = s_{31}X + t_{32}M + r_{33}XM + \sum \varphi_i Z_i + C_3 + e_3 \qquad (8.6)$$

公式（8.5）加入了调节变量农户行为 M（土地或劳动力配置）后，农地产权认知 X 对农民收入 Y 的迭加模型；公式（8.6）为加入了交互项后，农地产权认知 X 对农民收入 Y 的调节模型。系数 s_{31} 表示农地产权认知 X 的主效应，系数 t_{32} 表示农户行为 M（土地或劳动力配置）的主效应，系数 r_{33} 是调节系数，显著表示的确存在调节效应。C_2、C_3 是各个回归方程截距，e_2、e_3 是各个回归方程的残差。在 r_{33} 显著的情况下，如果调节变量 M 是类别变量，表明农地产权认知 X 对农民收入 Y 的效应在不同的群体中是不同的；如果调节变量 M 是连续变量，表明随着 M 的变化，农地产权认知 X 的效应是如何变化的。

8.1.2　估计方法

8.1.2.1　中介效应模型

中介效应方法主要参考温忠麟、叶宝娟（2014）提出的新中介效应检验流程。对于系数乘积 ab 的检验，如果依次检验和 Sobel 检验结果都显著，因依次检验结果强于 Sobel 检验结果，所以先进行依次检验。另外，用偏差校正的非参数百分位 Bootstrap 法或者有先验信息的 MCMC 法计算系数乘积的置信区间比 Sobel 法得到的置信区间更精确，应用 Bootstrap 法替代 Sobel 法，做乘积检验。本书所采用的中介效应检验流程如下：

第一步，检验公式（8.1）的系数 c 是否显著。如果显著，按照中介效应立论，不显著就按照遮掩效应立论。

第二步，依次检验公式（8.2）的系数 a 和公式（8.3）的系数 b 是否显著。如果两个都显著，则间接效应显著，转而进行第四步；如果至少有一个不显著，则进行第三步。

第三步，用 Bootstrap 法直接检验 H_0：$ab=0$。如果显著，则间接效应显著，进行第四步；反之间接效应不显著，停止分析。

第四步，检验公式（8.3）的系数 c'。如果不显著，则直接效应不显著，说明只有中介效应；如果显著，则直接效应也显著，进行第五步。

第五步，比较 ab 和 c' 的符号。如果同号，属于部分中介效应，计算中介效应占总效应的比例：ab/c；如果异号，属于遮掩效应，报告间接效应与直接效应的比例的绝对值：$|ab/c'|$。

8.1.2.2　调节效应模型

调节效应方法主要参考吴愈晓（2011）的调节效应检验流程：

第一步，检验公式（8.1）的系数 c 是否显著，查看自变量是否显著地作用于因变量。如果显著，继续第二步；反之不显著，停止分析。

第二步，检验迭加模型公式（8.5），查看调节变量对因变量的作用是否显著。如果显著，表明调节变量的确对因变量产生影响，继续第三步；反之不显著，停止分析。

第三步，检验交互模型公式（8.6），查看自变量、调节变量和交互项是否显著，即验证调节效应是否存在。如果交互项系数显著，表明调节变量的确调节了自变量对因变量的关系。

8.1.3 变量的选取与处理

8.1.3.1 农地产权认知

课题组在问卷中设置了农户对农地所有权和使用权的认知问题，已在第5.5 节描述了农地产权认知情况。受访者对土地使用权的认识直接影响农户的土地和劳动力配置行为。这里选取农户的所有权和使用权认知情况作为自变量。如前所述，农户对所有权的认识有三种：属于国家、属于集体和属于农户。农户对使用权的认识也有三种，分别为：属于国家、属于集体和属于农户。由于回答国家和集体的样本分别仅为 9 人和 33 人，本节按照受访者对使用权认识的正确与否设置变量结果，记为自变量 X。其中，认识错误的有41 人，记为 0；其余受访者认识正确，记为 1。

8.1.3.2 农户行为

课题组在问卷中设置了"农地流转情况"板块，了解农户的农地流转状况。第 7 章为了讨论农地流转对农地经营效率的影响时，读取了农地流转情况的类别变量。本章根据农户的农地承包和经营情况，读取三个代表土地配置的变量：农地流转率、农地转出率和农地转入率，记为变量 M_1、M_2 和 M_3。

课题组在问卷中设置了"家庭劳动力从业情况"板块，了解农户家庭成员 16 岁以上且从事有报酬务工或其他经营等非农地经营情况。本章根据农户的劳动力非农地经营情况，读取代表劳动力配置的变量：劳动力流动数量，记为变量 M_4。

8.1.3.3 农民收入

课题组在问卷中设置了"农地和园地经营情况""畜禽养殖情况""收入与支出情况"三个板块了解农户的经济收入。本章采用第 5.6 节中读取的人均总收入作为因变量 Y。

8.1.3.4　协变量

协变量包括农户特征、农地特征和经济社会特征等。其中农户特征包括了户主的性别、民族、受教育程度等个体特征和人口规模、抚养情况、房屋情况、是否为贫困户、家庭社会网络等家庭特征。农地特征包括了地块属性、地片分布、分散度、灌溉条件、土壤质量等承包地情况。经济社会特征包括种植中是否接受过培训（指导）、培训指导的费用、产品的销售方式、家庭是否因发展生产资料或购买农用机械产生负债等生产技术、产品市场和信贷类情况。因数据结构（详见第7.2.3节），经济社会特征仍只选取生产资料借贷一个变量。

特别要说明的是，户主的受教育情况与受访者能否准确回答出农地使用权的归属之间存在较强内生性。一方面，有56.95%的受访者是户主本人；另一方面，户主受教育程度高，在家庭内能形成一种正确认识农地产权的氛围，对非户主受访者产生强烈影响。故这里未将受教育程度纳入协变量。

表8-1给出了变量的种类、详细的符号和含义。

表8-1　　　　　　　　　　　　变量的种类及含义

变量种类	变量名称	含义
X_1	所有权	农地所有权归属 （1＝国家，2＝村集体，3＝农户）
X_2	使用权	农地使用权归属 （1＝正确，0＝不正确）
M_1	流转率	农地流转率（%） [（转出土地面积＋转入土地面积）/家庭承包土地面积]
M_2	转出率	农地转出率（%） （转出土地面积/家庭承包土地面积）
M_3	转入率	农地转入率（%） （转入土地面积/家庭承包土地面积）

续表

变量种类	变量名称	含义
M_4	外出劳动	劳动力流动数量（人） （家庭中从事非农地经营活动的劳动力数量）
因变量 Y	人均收入	农户人均收入（元/年）
协变量	民族	0 = 汉族，1 = 少数民族
	少儿抚养比	少儿抚养比 （未就业孩子数/劳动力数量）
	房屋面积	房屋面积（平方米）
	机构任职	家庭政府机构任职情况 （1 = 有，0 = 无）
	村干部关系	家庭与村干部关系 （1 = 糟糕，2 = 一般，3 = 融洽）
	耕地比	耕地面积比（%） （耕地面积/耕地园地总面积）
	农业生产借贷	是否为生产资料借贷 （1 = 是，0 = 否）

8.1.4 变量的描述性统计

为了对自变量、因变量、中介变量和协变量有初步了解，对涉及的 15 个变量进行描述性统计，如表 8 - 2 所示。

表 8 - 2　　　　　　　　变量的描述性统计

序号	变量名称	观测值	均值	标准差	最小值	最大值
1	所有权	959	2.23	0.85	1.00	3.00
2	使用权	959	0.96	0.21	0.00	1.00
3	流转率	959	0.50	1.61	0.00	24.00

续表

序号	变量名称	观测值	均值	标准差	最小值	最大值
4	转出率	959	0.24	0.75	0.00	21.43
5	转入率	959	0.26	1.47	0.00	24.00
6	劳动人数	466	2.64	0.98	1.00	5.00
7	人均收入	959	10995.41	12396.01	−44167.00	160500.00
8	民族	595	0.67	0.46	0.00	1.00
9	少儿抚养比	932	0.46	0.44	0.00	2.00
10	房屋面积	959	167.88	153.45	10.00	3360.00
11	机构任职	947	0.09	0.29	0.00	1.00
12	村干部关系	823	2.17	0.54	1.00	3.00
13	耕地比	959	0.92	0.21	0.00	1.00
14	农业生产借贷	959	0.12	0.32	0.00	1.00

第一，要求自变量、因变量和中介变量三个关键变量完整，本章分析有效样本有 959 个。

第二，所有权的最小值为 1，最大值为 3，均值为 2.23，非常接近 3，这表明多数受访者都认为农地的所有权是归属于农户的。使用权的最小值为 0，最大值为 3，均值为 0.96，非常接近 1，这表明绝大多数受访者都认为农地使用权是归属于农户的。

第三，中介变量农地的流转率、流出率和流入率的最小值分别为 0、0 和 0，最大值分别为 24、21.43 和 24，均值分别为 0.50、0.24 和 0.26。中介变量劳动人数的最小值为 1，最大值为 5，均值为 2.64。家庭平均非农劳动人数为 2.64 人。

第四，因变量人均收入的最小值为 −44167 元、最大值为 160500 元，均值为 10995.41 元。调查样本中有从事规模种植和养殖的农户，调查年度出现亏损，故人均收入有负值。

8.2 农地产权认知影响农民收入的 路径：总效应

方程（8.1）的总效应模型讨论了农地产权认知对农民收入的影响。这里依次选择农户的所有权和使用权认知作为自变量，讨论其对农户家庭人均收入的影响。模型（1）是方程（8.1）中所有权认知作为自变量的估计结果，模型（2）是方程（8.1）中使用权认知作为自变量的估计结果，见表 8 - 3。

表 8 - 3　　　　　　　　　　　总效应的估计结果

变量	模型（1）	模型（2）
所有权	560. 229 (0. 330)	
使用权	·	- 2798. 495 ** (0. 016)
民族	- 1194. 241 (0. 218)	- 1010. 832 (0. 296)
少儿抚养比	- 2811. 103 *** (0. 007)	- 2911. 906 *** (0. 005)
房屋面积	10. 160 *** (0. 000)	10. 246 *** (0. 000)
机构任职	- 1195. 736 (0. 449)	- 1176. 874 (0. 456)
村干部关系	638. 258 (0. 470)	616. 484 (0. 485)
耕地比	- 5626. 016 *** (0. 006)	- 5698. 350 *** (0. 006)

续表

变量	模型（1）	模型（2）
农业生产借贷	1744.128 (0.203)	1169.208 (0.222)
常数项	18736.360 *** (0.000)	22350.930 *** (0.000)

注：*、**、***分别表示10%、5%和1%水平下显著。

总效应估计结果表明：

第一，农户的所有权认知对农民收入的影响不显著。与使用权相比，所有权认知对农户行为的影响并不直接。所有权认知系数不显著，究竟是因为所有权认知不影响农户要素配置行为，还是因为所有权认知对农户行为的影响恰好被农户行为对农民收入的影响"遮蔽"了，还需要进一步检验。

第二，使用权认知虽然对收入产生影响，平均效应为 - 2798.50，即相比于认识错误的农户，认知农户的人均收入少了2798.50元。本书第3章的理论分析表明，农地权能禀赋通过农户行为影响农民收入。农地的使用权属于农户，更符合逻辑的结果是，农户对农地使用权的认识越正确，越能有效配置土地和劳动力资源，越能够获得高收入。总效应的结果与理论和经验认识相反。实证与理论、经验认识不一致，是否是因为农户行为的中介或者调节作用被忽视了呢？下文将对此作出回答。

8.3　农地产权认知影响农民收入的路径：土地配置

本节将讨论土地配置行为对农地产权认知和农民收入关系的影响，即检验假说 H2 和假说 H4。

8.3.1 中介效应

从第 5.3.2 节表明，63.82% 的农户参与农地流转，其中只转出户占75.00%，只转入户占 4.58%，大多数农户参与土地转出。基于此，选取农地转出率代表农户土地配置行为，检验其在产权认知影响农民收入路径的中介作用，用农地流转率和农地流入率作稳健性检验。

8.3.1.1 中介效应检验

中介效应的估计结果见表 8－4，所有权认知和使用权认知的间接效应、直接效应和总效应在 Bootstrap 法偏差纠正下的 95% 置信区间都不包含 0，故中介效应都显著。

表 8－4 转出率中介效应的估计

变量	模型 (3) 人均收入	模型 (4) 转出率	模型 (5) 人均收入	模型 (6) 人均收入	模型 (7) 转出率	模型 (8) 人均收入
所有权	506.229 (0.330)	-0.013 (0.285)	553.623 (0.285)			
使用权				-2798.495 ** (0.016)	-0.091 * (0.088)	-2484.172 (0.271)
转出率			3615.297 ** (0.017)			3453.044 ** (0.022)
民族	-1194.241 (0.218)	-0.073 *** (0.001)	-929.496 (0.340)	-1010.832 (0.296)	-0.073 *** (0.001)	-759.415 (0.434)
少儿抚养比	-2811.103 *** (0.007)	0.016 (0.521)	-2867.772 *** (0.006)	-2911.906 *** (0.005)	-0.018 (0.467)	-2972.91 *** (0.004)
房屋面积	10.160 *** (0.000)	0.000 *** (0.004)	9.481 *** (0.001)	10.246 *** (0.000)	0.000 *** (0.004)	9.592 *** (0.001)

续表

变量	模型（3）	模型（4）	模型（5）	模型（6）	模型（7）	模型（8）
	人均收入	转出率	人均收入	人均收入	转出率	人均收入
机构任职	−1195.736 （0.449）	−0.010 （0.792）	−1160.118 （0.462）	−1176.874 （0.456）	−0.013 （0.727）	−1131.975 （0.472）
村干部关系	638.258 （0.470）	−0.012 （0.580）	679.924 （0.440）	616.484 （0.485）	−0.012 （0.564）	658.005 （0.455）
耕地比	−5626.016*** （0.006）	0.202*** （0.000）	−6255.569*** （0.002）	−5698.350*** （0.006）	0.198*** （0.000）	−6380.41*** （0.002）
农业生产 借贷	1744.128 （0.203）	−0.046 （0.158）	1909.290 （0.162）	1169.208 （0.222）	−0.045 （0.165）	1823.703 （0.182）
常数项	18736.360*** （0.000）	0.099 （0.415）	18378.220*** （0.000）	22350.930*** （0.000）	0.173 （0.190）	21754.31*** （0.000）
间接效应/ 直接效应	−0.0856			0.1265		
总效应/ 直接效应	0.9143			1.1265		
中介效应/ 总效应	−0.0936			0.1123		

注：*、**、***分别表示10%、5%和1%水平下显著。

这里以使用权认知为例，对估计结果做出说明。在使用权认知模型里，产权认知的总效应显著，使用权对转出率的影响显著。加入中介变量后，中介变量系数在5%水平下显著，使用权认知的直接效应不显著。估计结果表明，土地配置行为是农户使用权认知与农民收入的完全中介，有力支持了假说H2。不过模型（4）的总效应显著地为负，表明使用权认知正确的人比认知错误的人收入低，这似乎与理论不符。

所有权认知的总效应和直接效应虽都不显著，但都为正，不论在总路径还是中介路径中，随着农户的所有权认知分散化，人均收入提高。转出率在路径中起负向中介的作用。

8.3.1.2 稳健性检验

用流转率和转入率作为农地产权认知与人均收入的土地配置中介，中介效应的估计结果见表 8 - 5 和表 8 - 6。其中模型（9）和模型（11）是农户所有权认知的农户行为中介稳健性检验，模型（10）和模型（12）是农户使用权认知的农户行为中介稳健性检验。检验结果表明，两个模型的间接效应、直接效应和总效应在 Bootstrap 法偏差纠正下的 95％ 置信区间都不包含 0，故中介效应都显著，土地配置配行为的中介效应十分稳健，有力支持假说 H2。

表 8 - 5　　　　　　　　　　流转率的中介效应估计

变量	模型（9）			模型（10）		
	人均收入	流转率	人均收入	人均收入	流转率	人均收入
所有权	506.229 (0.330)	-0.089 (0.124)	488.192 (0.348)			
使用权				-2798.495 ** (0.016)	0.097 (0.700)	-2777.756 (0.219)
流转率			-202.293 (0.528)			-213.405 (0.504)
民族	-1194.241 (0.218)	-0.079 (0.464)	-1210.237 (0.213)	-1010.832 (0.296)	-0.099 (0.360)	-1031.931 (0.286)
少儿抚养比	-2811.103 *** (0.007)	0.090 (0.434)	-2792.876 *** (0.007)	-2911.906 *** (0.005)	0.106 (0.355)	-2889.209 (0.005)
房屋面积	10.160 *** (0.000)	0.000 *** (0.115)	10.258 *** (0.000)	10.246 *** (0.000)	0.000 (0.120)	10.349 *** (0.000)
机构任职	-1195.736 (0.449)	-0.623 *** (0.000)	-1321.789 (0.407)	-1176.874 (0.456)	-0.633 *** (0.000)	-1311.935 (0.410)

变量	模型 (9)			模型 (10)		
	人均收入	流转率	人均收入	人均收入	流转率	人均收入
村干部关系	638.258 (0.470)	−0.015 (0.875)	635.126 (0.472)	616.484 (0.485)	−0.014 (0.885)	613.449 (0.487)
耕地比	−5626.016*** (0.006)	0.288 (0.208)	−5566.750*** (0.007)	−5698.350*** (0.006)	0.285 (0.213)	−5637.457*** (0.006)
农业生产借贷	1744.128 (0.203)	0.617*** (0.000)	1868.946 (0.177)	1169.208 (0.222)	0.628*** (0.000)	1803.183 (0.192)
常数项	18736.360*** (0.000)	1.623*** (0.005)	19064.810*** (0.000)	22350.930*** (0.000)	1.392** (0.026)	22647.980*** (0.000)
间接效应/直接效应	0.0356			0.00747		
总效应/直接效应	1.0369			1.00747		
中介效应/总效应	0.0356			0.00741		

注：*、**、***分别表示 10%、5%和 1%水平下显著。

表 8-6 转入率中介效应的估计

变量	模型 (11)			模型 (12)		
	人均收入	转入率	人均收入	人均收入	转入率	人均收入
所有权	506.229 (0.330)	−0.076 (0.192)	478.842 (0.357)		0.188 (0.458)	−2730.062 (0.227)
使用权				−2798.495** (0.016)		
转入率			−360.102 (0.258)			−363.599 (0.253)
民族	−1194.241 (0.218)	−0.006 (0.957)	−1196.346 (0.217)	−1010.832 (0.296)	−0.026 (0.810)	−1020.307 (0.291)

变量	模型（11）			模型（12）		
	人均收入	转入率	人均收入	人均收入	转入率	人均收入
少儿抚养比	−2811.103*** （0.007）	0.074 （0.521）	−2784.301*** （0.007）	−2911.906*** （0.005）	0.089 （0.443）	−2879.657*** （0.005）
房屋面积	10.160*** （0.000）	0.0003 （0.337）	10.267*** （0.000）	10.246*** （0.000）	0.0003 （0.350）	10.352*** （0.000）
机构任职	−1195.736 （0.449）	−0.613*** （0.001）	−1416.575 （0.374）	−1176.874 （0.456）	−0.620*** （0.000）	−1402.263 （0.378）
村干部关系	638.258 （0.470）	−0.004 （0.968）	636.833 （0.471）	616.484 （0.485）	−0.002 （0.982）	615.685 （0.485）
耕地比	−5626.016*** （0.006）	0.086 （0.708）	−5594.063*** （0.006）	−5698.350*** （0.006）	0.088 （0.703）	−5666.420*** （0.006）
农业生产借贷	1744.128 （0.203）	0.663*** （0.000）	1982.769 （0.152）	1169.208 （0.222）	0.673*** （0.000）	1913.743 （0.167）
常数项	18736.36*** （0.000）	1.524*** （0.008）	19285.360*** （0.000）	22350.930*** （0.000）	1.219* （0.052）	22794.220*** （0.000）
间接效应/ 直接效应	0.0572			0.0251		
总效应/ 直接效应	1.0572			1.0251		
中介效应/ 总效应	0.0541			0.0245		

注：*、**、***分别表示10%、5%和1%水平下显著。

8.3.2 调节效应

农户的所有权认知是三分类变量，生成两个哑变量，估计基础模型。遗憾的是基础模型不显著（见表8-7），故不再对所有权认知做调节效应检验，仅对使用权认知影响农民收入的路径做土地配置行为的调节效应检验。

表 8 – 7 所有权认知的基础模型

变量	模型（13） 基础模型
所有权_国家	– 1176. 866 (0. 260)
所有权_集体	964. 100 (0. 408)
流转率	
所有权_国家 × 流转率	
所有权_集体 × 流转率	
民族	– 1259. 137 (0. 195)
少儿抚养比	– 2859. 382 *** (0. 006)
房屋面积	10. 226 *** (0. 000)
机构任职	– 952. 057 (0. 549)
村干部关系	629. 780 (0. 475)
耕地比	– 5328. 791 *** (0. 010)
农业生产借贷	1784. 358 (0. 192)
常数项	19317. 840 *** (0. 000)

注：*、**、*** 分别表示10%、5%和1%水平下显著。

8.3.2.1 调节效应检验

农户的使用权认知与人均收入显著相关。理论分析表明，使用权认知越正确，越能有效配置要素，收入越高。但实证表明，使用权认知正确的农户人均收入更低。虽然土地配置行为的确在使用权认知与人均收入间起了中介作用，但中介作用都是正的，即降低了认知正确农户的收入。那么，是不是土地配置行为并不仅仅是中介，还起了别的作用呢？这里进一步检验土地配置行为是否是调节变量，即影响了所有权认知对农民收入的影响。

用转出率作为农地产权认知与人均收入的土地配置调节，调节效应的估计结果，如表 8-8 所示。迭加模型中，使用权认知和转出率的系数都显著，说明使用权和转出率都显著地影响着农民收入。使用权与转出率的交互项系数显著，表明农地流转行为的确对使用权认知影响收入的路径产生影响，即转出率对不同使用权认知人群的影响不一样。随着转出率的提高，使用权认知错误人群的收入更高一些，在 1% 水平下显著。加了交互项以后的交互模型，使用权对收入的影响系数为正，表明控制了土地流转行为对不同产权认知人群的影响后，使用权认知正确的人群比认知错误的人群收入高了6574.66 元，在 10% 水平下显著。

表 8-8 转出率的调节效应检验

变量	模型（14）	模型（15）	模型（16）
	基础模型	迭加模型	交互模型
使用权	-2798.495 ** （0.016）	-2484.171 * （0.071）	6574.661 * （0.063）
转出率		3453.044 ** （0.022）	30210.890 *** （0.000）
使用权 × 转出率			-27648.310 *** （0.001）

续表

变量	模型（14）	模型（15）	模型（16）
	基础模型	迭加模型	交互模型
民族	-1010.832 (0.296)	-759.415 (0.434)	-690.899 (0.474)
少儿抚养比	-2911.906 *** (0.005)	-2972.910 (0.004)	-3039.458 (0.003)
房屋面积	10.246 *** (0.000)	9.592 *** (0.004)	9.735 *** (0.000)
机构任职	-1176.876 (0.456)	-1131.975 (0.472)	-1243.379 (0.427)
村干部关系	616.484 (0.485)	658.005 (0.4552)	696.593 (0.426)
耕地比	-5698.350 *** (0.006)	-6380.414 *** (0.002)	-6363.431 *** (0.002)
农业生产借贷	1669.208 (0.222)	1823.703 (0.182)	1575.449 (0.246)
常数项	22350.930 *** (0.000)	21754.310 *** (0.000)	12857.380 *** (0.037)

注：*、**、*** 分别表示10%、5%和1%水平下显著。

8.3.2.2 稳健性检验

用流转率作为农地产权认知与人均收入的土地配置调节，检验土地配置行为调节效应的稳健性，结果如表8-9所示。使用权与流转率的交互项系数显著，表明农地流转行为的确对使用权认知影响收入的路径产生影响，即流转率对不同使用权认知人群的影响不一样。随着流转率的提高，使用权认知错误人群的收入更高一些，在1%水平下显著。交互模型中，使用权对收入的影响系数为正，表明控制了土地流转行为对不同产权认知人群的影响后，使用权认知正确的人群比认知错误的人群收入高了6080.66元，在10%水平下显著。

表 8 - 9　　　　　　　　　　　　　流转率的调节效应估计

变量	模型（17）	模型（18）	模型（19）
	基础模型	迭加模型	交互模型
使用权	-2798.495 ** (0.016)	-2777.756 (0.119)	6080.6621 * (0.098)
流转率		-213.405 (0.504)	23072.48 *** (0.004)
使用权×流转率			-23320.180 *** (0.004)
民族	-1010.832 (0.296)	-1031.931 (0.286)	-990.979 (0.304)
少儿抚养比	-2911.906 *** (0.005)	-2889.209 *** (0.005)	-2867.698 *** (0.005)
房屋面积	10.246 *** (0.000)	10.349 (0.000)	10.234 *** (0.000)
机构任职	-1176.876 (0.456)	-1311.935 (0.410)	-1433.425 (0.366)
村干部关系	616.484 (0.485)	613.449 (0.487)	673.629 (0.443)
耕地比	-5698.350 *** (0.006)	-5637.457 *** (0.006)	-5802.964 *** (0.005)
农业生产借贷	1669.208 (0.222)	1803.183 (0.192)	1697.227 (0.217)
常数项	22350.930 *** (0.000)	22647.980 (0.000)	14028.860 ** (0.026)

注：*、**、*** 分别表示10%、5%和1%水平下显著。

稳健性检验非常好地支持了土地配置行为的调节效应，假说 H4 得到证实。

8.4 农地产权认知影响农民收入的路径：劳动力配置

8.4.1 中介效应

用外出劳动变量作为农地产权认知与人均收入的劳动力配置中介，中介效应的估计结果如表 8-10 所示。其中模型（22）的自变量是所有权认知，模型（25）的自变量是使用权认知。两个模型的间接效应、直接效应和总效应在 Bootstrap 法偏差纠正下的 95% 置信区间都不包含 0，故中介效应都显著。

表 8-10　　　　　　　　　　劳动力的中介效应估计

变量	模型（20） 人均收入	模型（21） 外出劳动	模型（22） 人均收入	模型（23） 人均收入	模型（24） 外出劳动	模型（25） 人均收入
所有权	506.229 (0.330)	-0.093 (0.109)	580.815 (0.263)			
使用权				-2798.495 ** (0.016)	-0.044 (0.861)	-2763.992 (0.220)
外出劳动			798.361 ** (0.012)			775.587 ** (0.015)
民族	-1194.241 (0.218)	0.902 *** (0.000)	-1914.274 * (0.058)	-1010.832 (0.296)	0.886 *** (0.000)	-1697.827 * (0.091)
少儿抚养比	-2811.103 *** (0.007)	-0.419 *** (0.000)	-2476.429 ** (0.017)	-2911.906 *** (0.005)	-0.403 *** (0.001)	-2599.561 ** (0.012)

续表

变量	模型（20）	模型（21）	模型（22）	模型（23）	模型（24）	模型（25）
	人均收入	外出劳动	人均收入	人均收入	外出劳动	人均收入
房屋面积	10.160 *** （0.000）	0.000 ** （0.016）	10.784 *** （0.000）	10.246 *** （0.000）	− 0.000 ** （0.016）	10.826 （0.483）
机构任职	− 1195.736 （0.449）	− 0.081 （0.648）	− 1131.211 （0.473）	− 1176.874 （0.456）	− 0.093 （0.598）	− 1104.406 （0.483）
村干部关系	638.258 （0.470）	0.163 * （0.099）	507.966 （0.564）	616.484 （0.485）	0.249 * （0.099）	489.622 （0.578）
耕地比	− 5626.016 *** （0.006）	0.258 （0.262）	− 5830.78 *** （0.004）	− 5698.350 *** （0.006）	− 0.112 （0.279）	− 5891.588 *** （0.004）
农业生产 借贷	1744.128 （0.203）	− 0.123 （0.424）	1842.094 （0.177）	1169.208 （0.222）	− 0.112 （0.464）	1756.31 （0.198）
常数项	18736.36 *** （0.000）	− 0.165 *** （0.775）	18867.8 *** （0.000）	22350.93 *** （0.000）	− 0.258 （0.681）	22550.76 *** （0.000）
间接效应/ 直接效应	− 0.1284			0.0125		
总效应/ 直接效应	0.8716			1.0125		
中介效应/ 总效应	− 0.1473			0.0123		

注：*、**、*** 分别表示10%、5%和1%水平下显著。

这里仍然以使用权认知为例，说明劳动力中介的估计结果。模型（23）中使用权的总效应显著，模型（24）中使用权对外出劳动的效应不显著，模型（25）中，中介变量系数在5%水平下显著，使用权认知的直接效应不显著。这说明劳动力配置行为是农户使用权认知与农民收入的完全中介，非常好地支持了假说 H3。不过总效应显著地为负，表明使用权认知正确的人比认知错误的人收入低。

8.4.2 调节效应

用外出劳动变量作为农地产权认知与农民收入的劳动力配置调节，调节效应的估计结果如表8-11所示。引入了外出劳动的迭加模型，外出劳动的系数显著，说明外出劳动人数显著地影响着农民收入。使用权与外出劳动的交互项系数不显著，调节效应不存在。

表8-11 劳动力的调节效应估计

变量	模型（26）	模型（27）	模型（28）
	基础模型	迭加模型	交互模型
使用权	-2798.495 ** (0.016)	-2763.992 (0.220)	-5233.145 (0.073)
外出劳动		775.587 ** (0.015)	-1547.154 (0.384)
使用权×外出劳动			2394.738 (0.184)
民族	-1010.832 (0.296)	-1697.827 * (0.091)	-1717.474 * (0.087)
少儿抚养比	-2911.906 *** (0.005)	-2599.561 ** (0.012)	-2555.083 (0.014)
房屋面积	10.246 *** (0.000)	10.826 *** (0.000)	10.866 *** (0.000)
机构任职	-1176.876 (0.456)	-1104.406 (0.483)	-1081.298 (0.492)
村干部关系	616.484 (0.485)	489.622 (0.578)	504.667 (0.567)
耕地比	-5698.350 *** (0.006)	-5891.588 *** (0.004)	-5839.31 *** (0.004)

续表

变量	模型（26）	模型（27）	模型（28）
	基础模型	迭加模型	交互模型
农业生产借贷	1669.208 (0.222)	1756.31 (0.198)	1764.617 (0.195)
常数项	22350.930 *** (0.000)	22550.76 *** (0.000)	24817.2 *** (0.000)

注：*、**、*** 分别表示 10%、5% 和 1% 水平下显著。

8.5 农地产权认知影响农民收入的路径：土地与劳动力配置

8.5.1 双中介效应

进一步考虑土地和劳动力要素同时作用于农地产权认知对农民收入的影响路径。这里的双中介检验由 SPSS 的 Process 程序完成，结果如表 8 - 12 所示。遗憾的是，Bootstrap 为 1000 次，95% 的置信区间包含了 0 点，表明双中介不成立。

表 8 - 12　　　　　　　　土地和劳动力的双中介效应估计

变量	模型（29）	模型（30）	模型（31）	模型（32）
	人均收入	流转率	外出劳动	人均收入
使用权	- 2798.495 ** (0.016)	- 0.102 (0.227)	0.252 (0.311)	- 2450.795 (0.2764)
转出率				3841.531 ** (0.022)

续表

变量	模型（29）	模型（30）	模型（31）	模型（32）
	人均收入	流转率	外出劳动	人均收入
外出劳动				773.3676 ** （0.015）
民族	−1010.832 （0.296）	−0.114 ** （0.015）	0.110 （0.298）	−1445.487 （0.134）
少儿抚养比	−2911.906 *** （0.005）	0.030 （0.440）	−0.734 *** （0.000）	−2661.259 ** （0.010）
房屋面积	10.246 *** （0.000）	0.000 （0.152）	0.000 （0.927）	10.172 *** （0.003）
机构任职	−1176.876 （0.456）	−0.057 （0.341）	−0.023 （0.898）	−1059.345 （0.4919）
村干部关系	616.484 （0.485）	−0.002 （0.943）	0.191 * （0.057）	531.369 （0.545）
耕地比	−5698.350 *** （0.006）	0.272 *** （0.001）	−0.114 （0.640）	−6570.868 ** （0.015）
农业生产借贷	1669.208 （0.222）	−0.127 ** （0.022）	−0.100 （0.538）	1910.051 （0.161）
常数项	22350.930 *** （0.000）	0.209 （0.341）	2.627 *** （0.000）	21955.514 *** （0.000）

注：* 、** 、*** 分别表示 10% 、5% 和 1% 水平下显著。

8.5.2　双调节效应

进一步考虑土地和劳动力要素同时调节农地产权认知对农民收入的影响路径，估计结果如表 8 − 13 所示。不论是使用权和转出率的交互项还是使用权和外出劳动的交互项都不显著，说明双调节效应不成立。

表 8 – 13　　　　　　　　　土地和劳动力的双调节效应估计

变量	模型（33）	模型（34）	模型（35）
	基础模型	迭加模型	交互模型
使用权	− 2798. 495 ** (0. 016)	1084. 355 (0. 742)	− 9267. 915 (0. 508)
转出率		3878. 531 * (0. 074)	970. 735 (0. 939)
外出劳动		2343. 932 *** (0. 002)	− 1516. 987 (0. 773)
使用权 × 转出率			2974. 598 (0. 819)
使用权 × 外出劳动			3939. 548 (0. 458)
民族	− 1010. 832 (0. 296)	− 2122. 847 (0. 134)	− 2154. 895 (0. 129)
少儿抚养比	− 2911. 906 *** (0. 005)	− 659. 169 (0. 678)	− 614. 323 (0. 700)
房屋面积	10. 246 *** (0. 000)	11. 784 * (0. 075)	11. 663 * (0. 079)
机构任职	− 1176. 876 (0. 456)	− 1876. 343 (0. 419)	− 1849. 565 (0. 427)
村干部关系	616. 484 (0. 485)	337. 975 (0. 798)	302. 911 (0. 820)
耕地比	− 5698. 350 *** (0. 006)	3100. 496 (0. 344)	3072. 009 (0. 351)
农业生产借贷	1669. 208 (0. 222)	− 619. 252 (0. 775)	− 595. 972 (0. 788)
常数项	22350. 930 *** (0. 000)	4262. 280 (0. 627)	14436. 150 (0. 368)

注：* 、** 、*** 分别表示 10% 、5% 和 1% 水平下显著。

8.5.3 土地调节与劳动力中介

模型（16）的土地调节效应表明，控制了土地流转行为对不同产权认知人群的影响后，使用权认知正确人群的收入显著地高于认知错误的人群，说明使用权认知对收入的影响除了土地外，还有别的途径。劳动力中介效应估计支持假说 H3，得出劳动力是使用权认知与农民收入完全中介的结论，但是模型（25）的直接效应显著地为负，经过劳动力中介后，使用权认知正确人群的收入显著地低于认知错误的人，这个结论与理论相悖，也与现实不相符。

8.5.3.1 路径选择

劳动力和土地的双中介和双调节效应都无法通过检验，说明两者在农地产权认知与农民收入的关系中所起的作用是不同的。按照单中介、单调节效应的结果，考虑将农户的土地配置行为作为调节、劳动力配置行为作为中介。那么，此时一个不可回避的问题是：究竟是土地流转调节了劳动力的中介路径（见图 8 - 4），还是劳动力在土地调节路径中起中介作用（见图 8 - 5）？

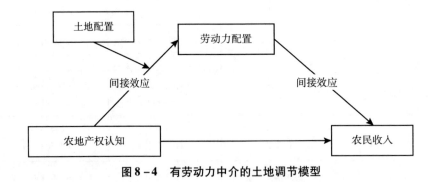

图 8 - 4 有劳动力中介的土地调节模型

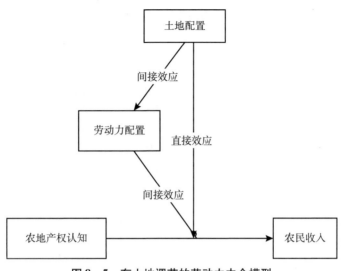

图 8-5　有土地调节的劳动力中介模型

本书第 5.3.2 小节的土地抛荒数据，就不难对上述问题做出回答。在产权认知对农民收入的影响路径中，如果劳动力中介是主路径的话，那么农户会以劳动力外出务工为主要目标，不必理会农地是否仍处在经营状态；如果土地调节是主路径的话，那么土地充分流转促进农民外出务工。样本农地 14.33% 的平均抛荒率，说明农地的使用率比较高，47.45% 的农户家庭有人员外出务工，63.82% 的农户参与土地流转，也说明了农户行为中土地配置比劳动力配置更重要。基于此，本书认为农地产权认知影响农民收入的路径如图 8-5 所示。

8.5.3.2　路径估计

表 8-14 给出了有土地配置调剂的劳动力中介效应估计结果。该中介检验的间接效应、直接效应和总效应在 Bootstrap 法偏差纠正下的 95% 置信区间都不包含 0，故中介效应都显著。模型（38）中，使用权 × 转出率的直接效应系数显著，是部分中介，中介效应占总效应的 0.0208。

表 8 – 14   有劳动力中介的土地调节效应估计

变量	模型（35）	模型（36）	模型（37）	模型（38）
	农民收入	农民收入	外出劳动	农民收入
使用权	− 2798. 495 **	6574. 661	0. 210	6814. 57 *
	（0. 016）	（0. 063）	（0. 600）	（0. 069）
转出率		30210. 89 ***	0. 762 **	29644. 21 ***
		（0. 000）	（0. 412）	（0. 000）
外出劳动				743. 427 **
				（0. 018）
使用权 × 转出率		− 27648. 31 ***	− 0. 772	− 27073. 98 ***
		（0. 001）	（0. 412）	（0. 001）
民族	− 1010. 832	− 690. 899	0. 889 ***	− 1351. 622
	（0. 296）	（0. 474）	（0. 000）	（0. 177）
少儿抚养比	− 2911. 906 ***	− 3039. 458 ***	− 0. 405 ***	− 2738. 49 ***
	（0. 005）	（0. 003）	（0. 000）	（0. 008）
房屋面积	10. 246 ***	9. 735 ***	− 0. 001 **	10. 289 ***
	（0. 000）	（0. 000）	（0. 017）	（0. 000）
机构任职	− 1176. 876	− 1243. 379	− 0. 096	− 1171. 742
	（0. 456）	（0. 427）	（0. 587）	（0. 453）
村干部关系	616. 484	696. 593	0. 165 *	574. 059
	（0. 485）	（0. 426）	（0. 097）	（0. 511）
耕地比	− 5698. 350 ***	− 6363. 431 ***	0. 247	− 6546. 865 ***
	（0. 006）	（0. 002）	（0. 290）	（0. 001）
农业生产借贷	1669. 208	1575. 449	− 0. 119	1663. 611
	（0. 222）	（0. 246）	（0. 441）	（0. 219）
常数项	22350. 930 ***	12857. 380 **	− 0. 509	13235. 6 **
	（0. 000）	（0. 037）	（0. 466）	（0. 031）
间接效应/直接效应	0. 0212			
总效应/直接效应	1. 0212			
中介效应/总效应	0. 0208			

注：* 、** 、*** 分别表示 10% 、5% 和 1% 水平下显著。

模型（38）中，使用权的直接效应在 10% 水平下显著，转出率的直接效应在 1% 水平下显著，外出劳动的直接效应在 5% 水平下显著。这说明，控制了土地流转对不同使用权认知人群的影响后，使用权认知正确，农民收入增加 6814.57 元；转出率提升 1%，农民收入增加 29644.21；家庭非农劳动增加 1 人，农民收入增加 743.427 元。交互项系数为 − 27073.98，表明转出率每提升 1%，使用权认知正确的农户人均收入下降 270.74 元，在 1% 水平下显著。不过，农户转出土地以后，家庭非农就业数增加。因此使用权认知正确的农户选择转出土地，获得更高的总收入。

协变量中，少儿抚养比系数显著地为负，说明控制了其他变量后，家庭抚养子代的负担越重，农民收入越低。耕地比系数显著地为负，说明控制了其他变量后，承包土地种耕地比例越高，农民收入越低。

分别构造户主为男性和 60 岁以下的两个子样本，做稳健性检验，结果如表 8 - 15 所示。模型（40）和模型（42）的使用权、转出率、外出劳动和使用权×转出率四个关键变量的系数略有变化，显著性均未改变；两个模型的控制变量的系数也是略有变化，仅在模型（42）中介回归中政府关系的显著性出现了变化。稳健性检验结果说明有劳动力中介的土地调节效应十分稳健。

表 8 - 15　　　　　　　有劳动力中介的土地调节效应的稳健性检验

变量	男性		户主年龄 60 岁以下	
	模型（39）	模型（40）	模型（41）	模型（42）
	外出劳动	农民收入	外出劳动	农民收入
使用权	0.210 (0.600)	6410.003 * (0.088)	0.234 (0.581)	7119.4 * (0.072)
转出率	0.779 ** (0.415)	32077.26 *** (0.000)	0.996 ** (0.323)	32529.95 *** (0.001)
外出劳动		639.579 * (0.060)		813.580 ** (0.024)
使用权×转出率	− 0.752 (0.439)	− 29345.01 *** (0.001)	− 1.157 (0.258)	− 29994.28 *** (0.002)

续表

变量	男性		户主年龄60岁以下	
	模型（39）	模型（40）	模型（41）	模型（42）
	外出劳动	农民收入	外出劳动	农民收入
民族	0.849*** (0.000)	−1292.414 (0.228)	0.901* (0.000)	−1010.036 (0.372)
少儿抚养比	−0.357*** (0.003)	−2787.534 (0.012)	−0.518** (0.000)	−2706.728** (0.020)
房屋面积	−0.001*** (0.008)	10.002*** (0.001)	−0.001 (0.031)	22.515*** (0.000)
机构任职	−0.086 (0.645)	−1279.537 (0.453)	−0.196 (0.306)	−1060.99 (0.553)
村干部关系	0.192* (0.070)	590.169 (0.539)	0.129 (0.222)	423.527 (0.668)
耕地比	0.232*** (0.349)	−6040.798*** (0.007)	0.308 (0.200)	−5886.063*** (0.009)
农业生产借贷	−0.095 (0.549)	1890.437 (0.190)	−0.215 (0.184)	1516.417 (0.314)
常数项	−0.489 (0.507)	13114.84** (0.050)	−0.231 (0.755)	9267.202 (0.180)
间接效应/直接效应	0.0164		0.0314	
总效应/直接效应	1.0164		1.0314	
中介效应/总效应	0.0161		0.0304	

注：*、**、***分别表示10%、5%和1%水平下显著。

8.6 本章小结

为了检验农地产权认知影响农民收入的路径，即主路径，本章首先介绍检验所用的模型、方法和变量，其次估计了农地产权认知影响农民收入的总效应，接着分别检验了土地配置在农地产权认知与农民收入间的中介作用和调节作用，然后分别检验了劳动力配置在农地权能禀赋与农民收入间的中介作用和调节作用，最后检验了土地和劳动力配置在农地产权认知与农民收入间的中介作用和调节作用。本章得到了如下四个结论。

第一，总效应估计结果表明：农户的所有权认知对农民收入不产生显著影响，使用权认知对收入产生影响，平均效应为 −2798.50。虽然使用权认知的结果与理论和经验认识相反，但假说 H1 在使用权上得证。

第二，土地配置的中介和调节效应估计结果表明：不论在所有权认知还是使用权认知模型里，土地配置行为是农户产权认知与农民收入的完全正向中介，产权认知正确的农户，通过土地要素配置，降低了收入。土地配置行为调节了农户使用产权认知与人均收入的关系，控制了土地流转行为对不同产权认知人群的影响后，使用权认知正确的人群比认知错误的人群收入高了6574.66 元。实证结果虽然支持假说 H2 和假说 H4，但假说 H2 的结果与理论和经验认识相反。

第三，劳动力配置的中介和调节效应估计结果表明：不论在所有权认知还是使用权认知模型里，劳动力配置行为是农户产权认知与农民收入的完全正向中介。劳动力配置行为没有调节农户使用权认知与农民收入的关系。实证结果支持假说 H3，拒绝假说 H5。不过假说 H3 的结论表明，使用权认识正确农户的收入显著地低于认识错误的农户，这一点也与理论和经验认识相违背。

第四，土地与劳动力配置的估计结果表明：在农户使用权认知影响农民收入的路径中，劳动力配置在土地调节中有部分中介效应。这说明，控制了土地流转对不同使用权认知人群的影响后，认知正确对农民收入的直接影响为6814.57 元；转出率提升1%，农民收入增加 296.44 元；家庭非农劳动者增加 1 人，农民收入增加 743.43 元。交互项系数为 −27073.98，转出率每提升1%，认知正确农户的人均收入会下降 270.74 元。不过农户转出土地以后，家庭可外出劳动的人数增加。因此，使用权认知正确的农户继续转出土地，获得更高的总收入。

本章逐一检验了农户的土地配置、劳动力配置在产权认知与农民收入间的关系，找到了产权认知影响农民收入的经验路径：是一条有劳动中介的土地调节路径。其中，土地配置起调节作用，它与产权认知对农民收入的交互影响受到劳动力配置的中介作用，即劳动力配置在土地调节中有部分中介效应。它表明农地产权认知对农民收入产生巨大的影响，产权认知正确不仅直接提升农民收入，而且通过土地流转和劳动力转移间接提升农民收入，并且土地流转对不同产权认知人群的影响受到劳动力转移的中介。

这条路径对于乡村振兴政策实施具有重要的理论意义，提高农地权能禀赋、引导农户正确认识农地权能归属，产生"三个有利于"的积极影响：有利于直接提高农民收入；有利于引导经营权有序流转，间接提高农民收入；有利于促进劳动力非农转移，间接提高农民收入。本章的经验路径还表明，引导经营权有序流转政策必须与促进劳动力非农转移政策有序衔接。

第 9 章

结论、建议和展望

本书分析了农地权能禀赋影响农民收入的理论机制和经验路径，开展了大规模的田野调查，测算了农地经营效率，重点考察了两条路径的经验结果。

主路径：农地产权认知通过农户行为影响农民收入。

子路径：土地流转影响农地经营效率。

根据理论和实证的结果，本书得出以下主要结论。

9.1　结论与建议

9.1.1　理论研究的结论和建议

9.1.1.1　结论

在现行的家庭联产承包责任制下，农地使用权通过农户承包方式产生。该项制度在产权安排上有三大特征：一是坚持土地集体所有；二是农户成为土地产权的实际拥有者；三是农地权能禀赋天然面临两大问题。

在此制度安排下，用益物权和自物权主体分离，农地权能禀赋天生出现两个问题：第一，无法派生出担保物权，即担保物权权能残缺；第二，用益物权和自物权主体分离，致使处分权在集体和经营户之间分离，收益权在集体、承包户和经营户之间分离，结果就是处分权和收益权的衍生权利主体不清晰。权能残缺、权力主体不清是当前农地纠纷不断、农民利益受侵害的根源，只能由法律和政策逐步弥补。

《宪法》《土地管理法》《民法通则》《土地承包法》《物权法》《民法典物权编（2020）》等法律不断修改完善，《关于妥善解决当前农村土地承包纠纷的紧急通知》《农村土地承包经营权证管理办法》《关于全面深化改革若干重大问题的决定》《完善农村土地所有权承包权经营权分置办法的意见》《中央国务院关于保持土地承包关系稳定并长久不变的意见（2019）》等系列文件的出台，都在不断弥补农地权能禀赋的天然缺陷。

9.1.1.2　建议

第一，农地天然担保物权权能残缺，虽然通过《民法典物权编（2020）》在抵押权上得以弥补，担保权仍残缺，需进一步完善。

第二，进一步厘清各项权能及其派生权利的主体。收益权在集体、承包户和经营户之间分离，收益权下的经营权分离对价请求、土地征收补偿等权利在集体、承包户和经营户之间的分离程度须由法律和政策进一步明确。受承包经营权的成员权属性限制，处置权与承包经营权的用益物权属性如何统一，须由法律和政策进一步明确。经营权流转后，当权利发生转移或者消灭时，附着在土地上的各种经营投资应该如何处理，须由法律和政策进一步明确。

9.1.2　田野调查的结论与建议

9.1.2.1　结论

农地产权认知部分偏离家庭联产承包责任制的产权安排。田野调查的结果表明，农户对土地所有权的认知与现行"农地土地归集体所有"的产权事实偏离较远。所有权认知在年龄、地区、身份上无显著差异，男性对所有权认知表现出显著的集权化倾向，未接受义务教育的农民较接受义务教育的农民表现出显著的集权化倾向。在使用权方面，超过 95% 的受访者认为土地使用权归属于农户，这说明农民的土地使用权得到了很好的尊重和维护。使用权认知在年龄、身份上无显著差异，未受教育的受访者表现出显著的集权化倾向，大理州较红河州和昆明市表现出集权化倾向。

9.1.2.2　建议

虽然家庭联产承包责任制从未改变过农地所有权和承包经营权的权利主体，但即使一轮承包、二轮承包和政策层面一直强调农地产权的稳定性，禁止村庄层面进行农地调整，但是实践层面农地调整、农户权利被侵害事件不断发生，致使农户对所有权和使用权的主体认知与制度安排仍有偏离。即使产权的制度安排是周到的、严密的、清晰的，如果不能严格贯彻执行，从事实层面保护主体的权利，事实产权仍然残缺，将会弱化法律、政策的本来意图。据此，要通过细致的基层工作，将法律和政策内化为农户正确的产权认知。

一是加强宏观层面和基层的土地制度和农地政策的宣讲，让农户更加清晰了解当前的制度安排和政策意图。二是严格贯彻执行农地相关法律制度。这不仅是保证国家法律权威的需要，也是最大化释放政策激励效应的需要。只有严格维护农地法律制度，才能让农户感受到事实产权的归属。三是在有条件的情况下，对农户权利受侵害的事实给予纠正。

9.1.3　效率测算的结论与建议

9.1.3.1　结论

农户的生产效率改进空间非常大。农地经营效率的测算结果表明，农户总效率的均值仅为 0.27，专业化效率均值仅为 0.33，规模效率的均值为 0.80。793 户样本中，仅 26 户达到总效率有效，43 户达到专业化效率有效，

46 户达到规模效率有效。

9.1.3.2　建议

根据效率测算结果，农户的总效率仅为 0.27，意味着可在不增加产出的情况下，减少 73% 的投入。同时，793 户农户中仅有 67 户接受培训，农业生产的培训力度、广度和深度不足。据此，本书对生产组织、管理等方面提出如下建议。

一是真正落实农业生产合作制度。规范农业生产合作制度的规章制度，撬动农民参与生产合作的积极性，让生产合作社在生产组织、技术服务、市场销售等环节真正地发挥作用，提高农地经营的效率。二是加大务农人员的现代种植管理理念和管理技术的培训，用现代理念提升农地经营效率。三是组织生产有效农户开展经验总结，将适用于本地的好的经验总结、提升，并开展宣传讲解，提升广大农户的经营效率。

9.1.4　子路径的结论与建议

9.1.4.1　结论

土地流转对农地经营效率的改进作用不突出。土地流转与农地经营效率的实证结果表明，是否流转、是否转出、是否转入对农地经营效率的作用不一致，总体来说改进作用不突出。

就是否流转而言，农地流转没有改进农地经营的总效率和规模效率，反而有一定程度的负效应。两类农户的选择偏差考察结果表明，农户本身就具有效率差异，即流转农户的效率较未流转更高些。

就是否转出而言，土地转出没有给农户带来资源配置效率的显著改善，仍然具有负效应。转出农户与未流转农户在样本选择上仍有偏差，转出农户的总效率和规模效率都比未流转农户更高，说明农地的确从高能力者手中流出。高能力农户在非农生产上更具比较优势，更倾向于将劳动力投入到收益更高的务工或其他经营性活动，土地转出平均可使农户家庭的人均其他劳动性收入增加 5411.41 元。

就是否转入而言，土地转入有助于改进专业化效率和总效率，对规模效率无显著影响。农户转入土地后，投放现代化生产设施，对专业化效率的平均处置效应为 0.130，提升了种植的专业化效率。

9.1.4.2 建议

第一，引导经营权向高能力者流动。子路径的实证结果表明，农地的确从高能力者手中流出，导致农地转出没有给农户带来资源配置效率的显著改善。据此，本书提出如下建议：一是引导高能力者留在农村参与土地流转，让高能力者切实参与农地经营，获得农业生产比较优势。二是对未流转和转入农户，开展农业管理、农业技能培训，提高人力资本投资力度，培养高能力者。

第二，引导农户转入土地后，提高现代化生产设施投放力度。子路径的实证结果表明，农户转入土地后，投放现代化生产设施，有助于提升专业化水平。据此，本书提出如下建议：一是做好现代农业设施益处的普及宣传工作，让农户从思想上改变传统种植的观念；二是做好现代农业设施的供给工作，加大设施投入的便捷度；三是做好农业扶持金融工作，解除农户加大投入的资金顾虑。

9.1.5 主路径的结论与建议

9.1.5.1 结论

产权认知影响农民收入的经验路径：劳动力配置在土地调节中有部分中介效应。其中，土地配置起调节作用，它与产权认知对农民收入的交互影响受到劳动力配置的中介作用，即劳动力配置在土地调节中有部分中介效应。

土地与劳动力配置的实证结果表明，控制了土地流转对不同使用权认知人群的影响后，认知正确对农民收入的直接影响为 6814.57 元；转出率提升

1%，农民收入增加 296.44 元；家庭非农劳动者增加 1 人，农民收入增加
743.43 元；转出率每提升 1%，认知正确农户的人均收入会下降 270.74 元。
农户转出土地以后，家庭可外出劳动的人数增加。因此，使用权认知正确的
农户继续转出土地，获得更高的总收入。这个结论也与子路径中"高能力者
土地转出，以获取更高的务工或其他经营性收入"一致。

这条路径表明农地产权认知对农民收入产生显著影响，产权认知正确不
仅直接提升农民收入，而且通过土地流转和劳动力转移间接提升农民收入，
土地流转对不同产权认知人群的影响受到劳动力转移的中介。

这条路径对于乡村振兴政策实施具有重要的理论意义，提高农地权能禀
赋、引导农户正确认识农地权能归属，产生"三个有利于"的积极影响：有
利于直接提高农民收入；有利于引导经营权有序流转，间接提高农民收入；
有利于促进劳动力非农转移，间接提高农民收入。本章的经验路径还表明，
引导经营权有序流转政策必须与促进劳动力非农转移政策有序衔接。

9.1.5.2　建议

第一，引导经营权有序流转。据农业部统计，截至 2015 年底，全国家庭
承包耕地流转面积达到 4.47 亿亩，占家庭承包经营耕地总面积的 33.3%，
流转合同签订率达到 67.8%，全国已有 1231 个县（市）、17826 个乡镇建立
了土地流转服务中心。[①] 同期调研数据显示，截至 2015 年底，云南省家庭承
包耕地转出面积占家庭承包经营耕地总面积的 23.62%，转入面积占家庭承
包经营耕地总面积的 22.22%[②]。云南的经营权流转程度较全国平均水平低。
据此，本书提出如下建议。

一是从顶层设计上，健全农地经营权流转政策，规范农地经营权流转行
为、完善农地经营权流转风险防范机制，保证政策的有效落地。二是在农地经
营权流转交易市场方面，建立具有相应资质和较高服务水平的农地经营权流转

[①]　农业部对十二届全国人大四次会议第 6329 号建议的答复，2016 – 08 – 09.
[②]　根据本书调查数据整理，详见第 5 章表 5 – 12。

服务中心、农村集体资产管理交易中心、农村产权交易中心等平台，为农地经营权有序流转提供服务。三是严格规范各类流转模式下的流转合同涉及内容和其他必要性规定，在签订合同时，要确保流转双方的真实意愿表达。四是流转纠纷发生时，协调农地经营权流转多方主体利益关系，协调好各相关主体的利益关系，推进农地经营权有序流转。五是加大流转政策宣传，尤其是引导农户、村集体建立长效发展观念，促进各相关主体达成多元效益的理念共识。

第二，引导劳动力有序转移。就产权认知与农民收入的关系而言，农地产权认知通过劳动力转移间接提升农民收入。引导劳动力有序转移，有助于这条间接路径畅通。据此，本书提出如下建议。一是进一步深化城镇地区户籍制度改革，畅通农民城镇落户渠道。二是以常住地登记户口制度代替"户籍"制度，建立城镇教育、医疗卫生、养老、文化、就业等基本公共服务与常住人口挂钩机制，加快农民工市民化机制，解决劳动力转移的后顾之忧。三是建立人口大村、人口大镇与劳动力短缺地区的劳动力定向转移机制，帮助劳动力富集的农村地区有序转移劳动力。

第三，土地政策与劳动力政策需有序衔接。主路径的重要结论：在产权认知与农民收入的关系中，劳动力在土地调节路径中起中介作用，也即意味着劳动力市场与土地流转市场有密切相关性。据此，本书就土地政策和劳动力政策的有序衔接提出如下建议：一是对劳动力转移规模较大的地区，额外关注经营权的有序流转问题，加大流转政策的宣传和实施力度，加强流转行为、流转合同的监督管理，成立专门的土地纠纷协调组织处理流转后的各类问题，规范土地流转市场，解决劳动力转移的后顾之忧。二是对土地流转活跃的地区，加大规范劳动力要素市场，加大引导劳动力外出转移的力度，进一步释放农村地区的要素活力。

9.2 研究展望

本书的研究主题是：农地权能禀赋影响农民收入的机制和路径。耗时五年，开展了大规模的入户调研，获得了翔实的一手数据，找到了理论机制和经验路径。但是，研究里仍然充满遗憾，研究设计的初衷并未完全实现。

第一，农地权能禀赋与农地产权认知之间的经验路径没有得到证明。本研究设计始于 2015 年，正是农地确权全面开展之时。在研究设计时，研究者主观认为土地确权前，权能残缺和主体不清的问题更加严重，确权后权能禀赋有一定程度改进。不过，这种改进在微观农户行为中很难捕捉。这就在一定程度上影响了农地权能禀赋与农民收入间的机制，致使农地权能禀赋与农地产权认知之间的经验路径没有得到证明。

第二，经验路径仅有截面数据结论。本研究 2015 年就进行了微观调研，本打算每隔两年持续追踪。很遗憾的是，因近年农村基层工作十分繁重，后续多次调研要求都被当地政府拒绝了。经验路径如果能够得到持续追踪数据支持，将更加可信。由于缺乏持续追踪数据，用宏观变量表明权能禀赋改进的想法也只能放弃。

第三，缺乏对农户以外其他经营主体的产权认知与收入分析。在农地流转市场日益开放的情况下，除了农户外，农业公司和土地合作社也积极参与农地流转和种植业经营。本研究在调研时设计了农户问卷，也采集了近 30 户其他经营主体数据，但数据质量不佳。采访中因为各种原因，很难访问到了解土地流转、经营问题的主要参与者，加之大规模流转的生产周期非常长，绝大部分公司和合作社仍处在投入阶段，没有产出。田野调研未获得足够的其他经营主体样本，它们的分析未能纳入本书研究中。

第四，经验路径仅得到云南省数据支持。为保证田野调查质量，入户调查由课题组主要成员老师带队，组织调查组深入农村开展调查。虽然问卷质量得到保证，但时间和资金相较于其他调研方式高了很多，以至于仅能在云南省开展调研。如果本书能够得到其他地区的微观数据支持，其结论也更加可靠。

不过，权能禀赋的变迁是十分缓慢的，农户的认知行为也是一个慢变量，这就给本书的持续开展提供了极好的基础。希望上述遗憾能在未来的研究中得以弥补。

村庄经济情况调查表

编号：＿＿＿＿＿＿＿＿

调查地点	
省	
县（市）	
乡（镇）	
村	
调查员	
姓名	
年龄	
性别	
文化程度	

亲爱的父老乡亲：

你们好！为了了解农户农地（耕地和林地）经营情况，为党和政府制定农村政策，解决"三农"问题，提供决策依据，我们组织了这次田野调查。我们知道，农村的问题很复杂，需要改善的地方很多，一次调查能够解决的问题有限。但只要我们心怀希望，齐心合力，一点一滴地奋斗，中国农村的情况会越来越好。调查数据只用于学术研究，请把你知道的情况和我们的调查员说一说，配合他（她）完成这次调查！

谢谢你！祝你身体健康，家庭幸福！

问卷填写方法：

（1）请在横线上和表格中补充填写相应答案；

（2）如果横线上有答案，请在相应答案上打"√"；

（3）如果选项"其他"后面有冒号，请在冒号后面填写确切答案。

一、村庄基本情况

1. 被调查者姓名＿＿＿＿＿，年龄＿＿＿岁，性别 <u>1 男/2 女</u>，文化程度 <u>1 文盲/2 小学/3 初中/4 高中/5 中专/6 大专/7 本科</u>，政治面貌 <u>1 中共党员/2 共青团员/3 民主党派/4 普通群众</u>，民族 <u>1 汉族/2 少数民族</u>：＿＿＿＿，担任职务 <u>1 村主任/2 村书记/3 会计/4 村小组长/5 其他</u>：＿＿＿＿。

2. 你们村有农户＿＿＿＿户，非农户＿＿＿＿户。人口＿＿＿＿人，其中劳动力＿＿＿＿个，60 岁以上老人＿＿＿＿人，16 岁以下孩子＿＿＿＿人，在校学生＿＿＿＿人，汉族＿＿＿＿人，少数民族＿＿＿＿人。

3. 你们村 2015 年农民人均纯收入大概＿＿＿＿元，其中农业收入＿＿＿元。你们村的农民收入水平在本乡镇属于 <u>1 很高/2 较高/3 一般/4 较低/5 很低</u> 水平。

4. 你们村 <u>1 是/2 否</u> 有村集体经济项目（村集体开办的工厂、合作社、果园、林场和矿产等）？如果有集体经济，请问是什么项目？＿＿＿＿＿＿＿＿。2015 年的年利润大概是＿＿＿＿元。

5. 你们村 <u>1 是/2 否</u> "建档立卡贫困村"？你们村有贫困户＿＿＿户，贫困人口＿＿＿＿人。

6. 你们村离乡（镇）政府所在地＿＿＿＿公里，离最近的集市＿＿＿公里？ <u>1 是/2 否</u> 有公路通到村里（口），如果有公路，公路是 <u>1 土路/</u>

2 弹石路/3 水泥路（柏油路）____。

二、耕地保有和农地权属

1. 你们村共有耕地_____亩，其中田_____亩，地_____亩，承包到户的耕地_____亩，没有承包到户（村集体自己经营或预留的机动地）的耕地_____亩。

2. 你们村最近一次土地调整发生在_____年？这次土地调整共涉及农户_____户，涉及的土地一共_____亩？土地调整的原因是：__1 第二轮土地承包/2 村庄人口变化/3 其他：_____。

3. 最近几年，你们村__1 是/2 否__开展过农地确权工作？如果开展过，请问是_____年开展的，确权完成后土地局__1 是/2 否__重新给农户颁发了土地证？

4. 你们村__1 是/2 否__建有土地流转中心（平台）？你们乡（镇）__1 是/2 否__有土地流转中心（平台）？

5. 你认为承包到户的耕地的所有权属于__1 国家/2 村委会/3 村民小组/4 村集体经济组织/5 农户__？（请使用这个句式，依次问以下耕地的所有权和经营权归属情况，并将答案填写在最后一列）

序号	耕地	权属	村集体的态度	答案
1	承包到户的耕地	所有权	1 国家/2 村委会/3 村民小组/4 村集体经济组织/5 农户	
2		经营权	1 国家/2 村委会/3 村民小组/4 村集体经济组织/5 农户	
3	没有承包到户（村集体自己经营或机动地）的耕地	所有权	1 国家/2 村委会/3 村民小组/4 村集体经济组织/5 农户	
4		经营权	1 国家/2 村委会/3 村民小组/4 村集体经济组织/5 农户	

三、农地经营和流转情况

1. 如果村集体有耕地（没有承包到户的耕地或预留的机动地），村集体的耕地是由　1 村干部/2 本村农户/3 外村农户/4 外来老板/5 农业组织（合作社、公司和企业）　在经营？经营人与村集体之间　1 是/2 否　签订书面合同？经营期限　1 是/2 否　明确？如果期限明确，请问是期限_____年？经营人　1 是/2 否　需要按期向集体交纳使用费？如果交纳，请问使用费是　1 一次付清/2 分几次缴纳/3 逐年缴纳　？如果是分次缴纳或逐年缴纳，请问最近一次缴纳了_____元，每亩地每年合_____元？

2. 你们村　1 是/2 否　（没有承包到户的）有荒山荒坡？如果有，请问荒山荒坡目前　1 是/2 否　承包给别人种植作物？如果已经承包给别人，请问是　1 村干部 2/本村农户/3 外村农户 4/外来老板/5 农业组织（合作社、公司和企业）　在经营，主要种植_____作物？经营人与村集体之间　1 是/2 否　签有书面合同？经营期限　1 是/2 否　明确？如果期限明确，请问是期限_____年？经营人　1 是/2 否　需要按期向集体缴纳使用费？如果缴纳，请问使用费是　1 一次付清/2 分几次缴纳/3 逐年缴纳　？如果是分次或逐年缴纳，请问最近一次缴纳了_____元，每亩地每年合_____元？

3. 据你所知，你们村　1 是/2 否　有农户把自家耕地流转（出租、互换、入股和转让）给本村农户耕种？如果有，大概有_____户转出耕地，有_____户转入农地，租金大概_____元/亩。本村农户之间　1 是/2 否　发生过农地流转纠纷？如果发生过纠纷，村集体　1 是/2 否　帮助调解？如果村集体帮助调解，调解　1 是/2 否　有效？　1 是/2 否　存在经过村集体调解依然无法化解的纠纷？如果无法化解，村集体一般采取什么方法？　1 不管了/2 让他们找上级部门/3 上报给上级部门/4 其他：_____。

4. 对于发生在本村农户之间的农地流转，村集体的态度如何？（依次问每一种流转方式的态度，并将答案写在最后一列）

序号	流转方式	村集体的态度	答案
1	出租	1 不允许/2 需要村集体批准/3 需要登记/4 不管不问/5 鼓励流转	
2	互换	1 不允许/2 需要村集体批准/3 需要登记/4 不管不问/5 鼓励流转	
3	入股	1 不允许/2 需要村集体批准/3 需要登记/4 不管不问/5 鼓励流转	
4	转让	1 不允许/2 需要村集体批准/3 需要登记/4 不管不问/5 鼓励流转	

5. 据你所知，你们村 __1 是/2 否__ 有农户把自家耕地流转（出租、互换、入股和转让）给邻村农户耕种？如果有，大概有_____户转出耕地，转出面积一共_____亩，租金大概_____元/亩。农户把自家耕地流转给邻村农户 __1 是/2 否__ 发生过农地流转纠纷？如果发生过纠纷，村集体 __1 是/2 否__ 帮助调解？如果村集体帮助调解，调解 __1 是/2 否__ 有效？ __1 是/2 否__ 存在经过村集体调解，依然无法化解的纠纷？如果纠纷无法化解，村集体一般采取什么方法？ __1 不管了/2 让他们找上级部门/3 上报给上级部门/4 其他:_____。

6. 村集体在调解农地纠纷的过程中， __1 是/2 否__ 寻求过邻村村集体的帮助，邻村村集体的态度是 __1 积极帮忙/2 上一级部门出面才帮忙 3/不愿帮忙/4 其他:_____？邻村村集体处理纠纷 __1 公平公正就事论事/2 偏袒自己村的农民/3 其他:_____。

7. 对于把自家耕地流转给邻村农户耕种，村集体的态度如何？（依次问每一种流转方式的态度，并将答案写在最后一列）

序号	流转方式	村集体的态度	答案
1	出租	1 不允许/2 需要村集体批准/3 需要登记/4 不管不问/5 鼓励流转	
2	互换	1 不允许/2 需要村集体批准/3 需要登记/4 不管不问/5 鼓励流转	

序号	流转方式	村集体的态度	答案
3	入股	1 不允许/2 需要村集体批准/3 需要登记/4 不管不问/5 鼓励流转	
4	转让	1 不允许/2 需要村集体批准/3 需要登记/4 不管不问/5 鼓励流转	

8. 据你所知，你们村 ___1 是/2 否___ 有农户把自家耕地流转（出租、互换、入股和转让）给外地农户（或者公司、企业和外地老板）耕种？如果有，大概有_____户转出耕地，转出面积一共_____亩，租金大概_____元/亩。农户把自家耕地流转给外地农户（或者公司、企业和外地老板）___1 是/2 否___ 发生过农地流转纠纷？如果发生过纠纷，村集体 ___1 是/2 否___ 帮助调解？如果村集体帮助调解，调解 ___1 是/2 否___ 有效？ ___1 是/2 否___ 存在经过村集体调解，依然无法化解的纠纷？如果存在无法化解的纠纷，村集体一般采取什么方法？ ___1 不管了/2 让他们找上级部门/3 上报给上级部门/4 其他:_____。

9. 对于把自家耕地流转给外地农户（或者公司、企业、外地老板）耕种，村集体的态度如何？（依次问每一种流转方式的态度，并将答案写在最后一列）

序号	流转方式	村集体的态度	答案
1	出租	1 不允许/2 需要村集体批准/3 需要登记/4 不管不问/5 鼓励流转	
2	互换	1 不允许/2 需要村集体批准/3 需要登记/4 不管不问/5 鼓励流转	
3	入股	1 不允许/2 需要村集体批准/3 需要登记/4 不管不问/5 鼓励流转	
4	转让	1 不允许/2 需要村集体批准/3 需要登记/4 不管不问/5 鼓励流转	

10. 你们村村集体 ___1 是/2 否___ 以集体的名义帮忙介绍过农地流转？如果有，农地流转的方式是 ___1 出租/2 互换/3 入股/4 转让___ ？流转发生在 ___1 本村农户之间/2 本村农户和邻村农户之间/3 本村农户和外地老板 4 本村农户和公司（或企业和合作社）之间___ ？介绍 ___1 有/2 没有___ 收介绍费？如

果有介绍费，介绍费一共_____元，每亩地合_____元？（如果有多次介绍，填写最近一次）

11. 你本人或其他村干部 __1 是/2 否__ 以个人的名义帮忙介绍过农地流转？如果有，农地流转的方式是 __1 出租/2 互换/3 入股/4 转让__？流转发生在 __1 本村农户之间/2 本村农户和邻村农户之间/3 本村农户和外地个体之间/4 本村农户和公司（或企业和合作社）之间__？介绍 __1 有/2 没有__ 收介绍费？如果有介绍费，介绍费一共_____元，每亩地合_____元？（如果有多次，填写最近一次）

12. 你们村村集体 __1 有/2 没有__ 以反租倒包的方式流转过农户耕地？（反租倒包，指村集体先把农户耕地租回来，整理后再包出去。）如果有，请问一共租了_____农户的_____亩耕地，村集体与农户之间 __1 是/2 否__ 签有书面合同？每亩地每年支付农户租金合_____元？耕地包出去前 __1 是/2 否__ 进行过整理（地块合并和建设生产设施等）？耕地现在由1 本村农户/2 邻村农户/3 外地老板 4 公司（或企业和合作社） 在经营？经营人每年向村集体支付租金一共_____元，每亩地合_____元。

13. 上级部门 __1 有/2 没有__ 要求村集体流转过农地？如果有，请问是 __1 乡级农业部门/2 乡级土地管理部门/3 乡政府/4 县级农业部门/5 乡级土地部门/6 其他：_____。

四、林权改革及其经营情况

1. 你们村有林地_____亩，其中天然林_____亩，人造林_____亩。

2. 你们村 __1 是/2 否__ 开展过林权改革？如果开展了，请问是_____年开展的，林权改革中分配到农户的林地_____亩，依然由村集体经营（管理）的林地_____亩。

3. 你认为 __承包到户的林地__ 的 __所有权__ 属于 __1 国家/2 村委会/3 村民小组/4 集体经济组织/5 农户__？（请使用这个句式，依次问以下林地的所有权和经营权归属，并将答案填写在最后一列）

序号	林地	权属	村集体的态度	答案
1	承包到户的林地	所有权	1 国家/2 村委会/3 村民小组/4 村集体经济组织/5 农户	
2		经营权	1 国家/2 村委会/3 村民小组/4 村集体经济组织/5 农户	
3	没有承包到户（村集体自己经营）的林地	所有权	1 国家/2 村委会/3 村民小组/4 村集体经济组织/5 农户	
4		经营权	1 国家/2 村委会/3 村民小组/4 村集体经济组织/5 农户	

4. 农户能不能在　集体经营（管理）　的林地中　砍木材　等以下行为？（请使用这个句式，依次问以下林地中不同行为的允许程度，并将相应答案的号码填写在表格中）（1 不允许/2 需要审批和付费/3 不需审批但需要付费/4 需要审批但无须付费/5 免费自由）

编号	1	2	3	4	5	6	7
行为	砍木材	砍柴	割叶子	捡蘑菇	放牧	挖草药	修坟墓
集体经营的林地							
自家承包的林地							

5. 据你所知，你们村　1 是/2 否　有农户把自家林地流转（出租、互换、入股和转让）给本村农户耕种？如果有，大概有_____户转出耕地，有_____户转入农地，租金大概_____元/亩。对于本村农户之间的林地流转，村集体态度如何？　1 不允许/2 需要村集体批准/3 需要登记/4 不管不问/5 鼓励流转　。

6. 据你所知，你们村　1 是/2 否　有农户把自家林地流转（出租、互换、入股和转让）给外地农户（或者公司、外地老板）？如果有，大概有_____户转出耕地，转出面积一共_____亩，租金大概____元/亩。对于农户把自家林地流转给外村农户（或者公司、外地老板），村集体态度如何？　1 不允许/2 需要村集体批准/3 需要登记/4 不管不问/5 鼓励流转　　。

7. 你本人　1 是/2 否　知道林地生态补偿？你们村　1 是/2 否　获得过林地生态补偿？如果获得过，请问最近 2015 年的补偿标准是＿＿＿＿＿元/亩？你觉得这一标准　1 偏低/2 恰好/3 偏高　。你觉得林地生态补偿能不能起到鼓励农户保护森林的作用？　1 能鼓励/2 不能鼓励/3 无所谓　。

8. 你们村　1 是/2 否　实施了退耕还林（草）工程？如果实施了，请问是＿＿＿＿年实施的？你们村，一共退了＿＿＿＿亩耕地。退耕农户　1 是/2 否　获得补偿？如果获得补偿，请问当时的补偿标准是每亩林地每年＿＿＿＿＿元，连续补偿＿＿＿＿＿年。退耕土地现在　1 是/2 否　还有补偿？如果有，请问补偿标准是＿＿＿＿＿元/亩（年）。你觉得这一标准　1 偏低/2 恰好/3 偏高　。

9. 你们村　1 是/2 否　有护林员？如果有，请问护林员的姓名是＿＿＿＿，年龄＿＿＿＿岁，文化程度＿＿＿＿＿＿。护林员每年工作＿＿＿＿＿月，护林员每年收入＿＿＿＿＿元。

五、农地征用

你们村　1 是/2 否　有被征用的农地？（如果有，请填写下表，不同地块，分别填写）

序号	明细	A	B	C
1	地块所在地地名？			
2	被征用土地面积？（亩）			
3	土地被征前用途？（1 耕地/2 林地）			
4	当前用途（1 道路/2 房地产/3 工厂/4 农用）			
5	土地占用费？（元/亩）			

续表

序号	明细	A	B	C
6	土地上的青苗补偿费（元/亩）			
7	人员生活补偿费（元/人）			
8	该项目投资一共多少?（元）			
9	该项目每年产出大概多少?（元）			
10	村里是否能从中分红（1 是/2 否）			
11	如果分红，2015 年分红多少?（元）			
12	是否有村民被安排就业?（1 是/2 否）			
13	如果有就业，一共多少名?			

农户经济情况调查表

编号：_____

调查地点	
省	
县（市）	
乡（镇）	
村	
调查员	
姓名	
年龄	
性别	
文化程度	

亲爱的父老乡亲：

你们好！为了了解农户的农地（耕地和林地）经营情况，为党和政府制定农村政策，解决"三农"问题，提供决策依据，我们组织了这次田野调查！我们也知道，农村的问题很复杂，需要改进的方面很多，一次调查能够解决的问题很有限！但只要我们心怀希望，一点一滴地努力，中国农村的情况会越来越好！调查数据只用于学术研究，请把你知道的情况和我们的调查员说一说，配合他（她）完成这次调查！

谢谢你！祝你身体健康，家庭幸福！

问卷填写方法：

（1）请在横线上和表格中补充填写相应答案；

（2）如果横线上有答案，请在相应答案上打"√"；

（3）如果选项"其他"后面有冒号，请在冒号后面填写确切答案。

一、被调查及其家庭基本情况

1. 被调查者：姓名＿＿＿＿＿＿，年龄＿＿＿＿岁，性别　1 男/2 女　，文化程度　1 文盲/2 小学/3 初中/4 高中（中专）/5 大专/6 本科及以上　，与户主的关系　1 户主本人/2 配偶/3 子女/4 父母/5 其他：＿＿＿＿＿＿。

2. 户主：姓名＿＿＿＿＿＿，年龄＿＿＿＿＿岁，性别　1 男/2 女　，文化程度　1 文盲/2 小学/3 初中/4 高中（中专）/5 大专/6 本科及以上　，政治面貌　1 中共党员/2 民主党派/3 共青团员/4 普通群众　，民族　1 汉族/2 少数民族：＿＿＿＿＿＿。

3. 你家一共有＿＿＿＿口人，其中劳动力＿＿＿＿个，上学孩子＿＿＿＿人，60 岁以上老人＿＿＿＿人。

4. 你家房屋的建筑面积＿＿＿＿＿平方米，房屋主体结构为　1 土木结构/2 砖混/3 框架结构　，房屋的层数　1 平房/2 二层楼房/3 三层楼房　，建于＿＿＿＿＿＿年。

5. 你家　1 是/2 否　是建档立卡贫困户？如果是建档立卡贫困户，你觉得　1 太丢人/2 无所谓 3/可以得到扶持　，你觉得你们家要脱贫主要靠　1 自己努力/2 政府扶持/3 其他：＿＿＿＿＿＿。

6. 你们家　1 是/2 否　有人在村委会及其以上的政府机构任职？你们家与村干部的关系如何？　1 糟糕/2 一般/3 融洽　。

7. 你本人 2015 年的收入一共＿＿＿＿＿元，其中非农收入＿＿＿＿＿元。

你的非农收入来自 1 打长工/2 打短工/3 个体经营/4 其他：_____ ，地点在 1 本村/2 本镇/3 本县/4 本州（市）/5 本省/6 省外 。

二、农地及其权属认知情况

1. 你家一共有耕地_____亩，分布在_____个地方？请问每个地方的耕地面积和块数分别是？

2. 你家一共有园地_____亩，分布在_____个地方？请问每个地方的园地面积和块数分别是？

（请依次问位于每一个地方的耕地和园地的面积、块数、离家距离、属性和土壤质量，然后填写下表。这里的耕地和园地包括自家所有包给别人经营的，但不包括自己包别人家经营的）

地块编号		地名	面积（亩）	块数（块）	离家距离（米）	属性（1 田/2 地）	土壤质量（1 好/2 中/3 差）
耕地	第一地方						
	第二地方						
	第三地方						
	第四地方						
	第五地方						
	第六地方						
园地	第一地方						
	第二地方						
	第三地方						
	第四地方						

3. 你们村 1 是/2 否 已经开展过农地确权工作？如果已经开展过，请问农地确权后你们家耕地和园地的实际面积是 1 增加了/2 减少了/3 没有变

化 ；你们家 <u>1 是/2 否</u> 已经获得新的土地证？如果已经换证，请问土地证上的耕地和园地面积是 <u>1 增加了/2 减少了/3 没有变化</u> 。

4. 你认为承包到户的耕地（和园地）的所有权属于 <u>1 国家/2 村委会/3 村民小组/4 村集体经济组织/5 农户</u> ，经营权属于 <u>1 国家/2 村委会/3 村民小组/4 村集体经济组织/5 农户</u> ？

三、农地和园地经营情况

1. 你家 2015 年 <u>1 有/2 没有</u> 种植粮食、蔬菜和瓜果等？（1 有，请在下表中分列填写；2 没有，请跳过。）

序号	经营情况	作物编号					
		1	2	3	4	5	6
1	种植哪些作物？（作物名称）						
2	这一作物的播种面积（亩）						
3	这一作物的产量一共？（公斤）						
4	销售量？（公斤）						
5	市场价大概多少？（元/公斤）						
6	自家劳动力投入？（工日）						
7	雇用劳动力的费用？（元）						
8	机械和牛工费用？（元）						
9	种苗、肥料和农药费用？（元）						
10	大棚、支架等建设费用？						
11	灌溉用水（抽水）费用？						
12	这一作物的毛收入？（元）						
13	这一作物的纯收入？（元）						
14	是否受过培训（指导）？（1 是 2 否）						
15	培训和指导费用？（元）						
16	产品销售方式？						

2. 你家 __1 是/2 否__ 有闲置的耕地？如果有，请问一共闲置_____
亩，其中田_____亩，地_____亩。耕地闲置的原因是 __1 种地赔钱/__
__2 外出打工没有时间/3 年龄大干不动/4 遭灾后没有恢复/5 其他：_____。

四、农地流转情况

1. 对于把农地 __出租__ 给 __本村农户__ ，村集体和乡里的态度如何？
（使用这个句式，分别问村集体和乡对不同对象和不同流转方式的态度，并
根据回答，选择填写答案 1~9。如果选择"9 其他"，请补充说明。）

序号	对象	方式	乡里和村集体的态度（1 不允许；2 需经乡土地流转中心；3 需经村土地流转中心；4 须乡里批准；5 需要村集体批准；6 需要到村委会登记；7 不管不问；8 鼓励流转；9 其他）
1	流转给本村农户	出租	
2		互换	
3		转让	
4	流转给邻村农民	出租	
5		互换	
6		转让	
7	流转给外地农民	出租	
8		转让	
9	流转给农业公司和合作社	出租	
10		入股	
11		转让	

2. 你家 __1 是/2 否__ 参与农地流转？（农地流转，指土地转包、出租、
转让、入股和互换等，如果回答"是"，请依次问以下问题。不同位置的土
地分别问，分别填写。）

序号	流转情况	地方一	地方二	地方三
1	转包的地块			
2	流转土地所在地方？（地名）			
3	流转地块的面积？（亩）			
4	流转地块的块数？（块）			
5	地块的类型？（1 田；2 地）			
6	流转的方向（1 转出；2 转入）			
7	流转的类型（1 出租；2 转让；3 入股；4 互换；5 其他）			
8	从谁那里流转来的？（或流转给了谁） （1 亲戚；2 本村农户；3 外村农户；4 外来农民；5 企业；5 合作社；6 村委会）			
9	哪一年开始流转的？（填写具体年份）			
10	流转是否需要得到谁的批准？（1 不需要；2 村委会；3 村民小组；4 乡里）			
11	流转是否需要到什么地方登记？（1 不需要；2 村委会；3 村民小组；4 乡里）			
12	流转是否有人帮忙介绍？（1 有；2 无→14）			
13	谁介绍（1 土地流转中心；2 村委会；3 村干部；4 村民；5 亲戚；6 朋友；7 其他）			
14	流转有无人担保？（1 有；2 无→16）			
15	担保人是谁（1 村委会；2 亲戚；3 村干部；4 熟人；5 其他_____）			
16	流转是否签有书面合同？（1 口头；2 书面）			
17	哪年签的合同？（填写具体年份）			
18	流转期限是固定的吗？（1 是；2 否→20）			
19	如果是固定的，转流的期限是多少年？（填写具体年份）			
20	流转的租金是怎么算的？（1 不要钱；2 现金；3 粮食；4 劳动力；5 分红）			
21	如果是现金，每年每亩转包的租金是多少钱？（元）			
22	如果是用粮食支付，每年每亩多少公斤粮食？（公斤）			
23	如果是劳动力，每年帮工多少天？（天）			
24	土地转包是否有政府补贴？（1 是；2 否）			
25	如果有补贴，每年每亩多少钱？（元/亩）			

序号	流转情况	地方一	地方二	地方三
26	你家是否得到补贴？（1 是；2 否）			
27	流转前种植的作物？			
28	流转后种植的作物？			
29	流转后地块是否合并？（1 是；2 否）			
30	流转后是否在土地建设生产设施？（大棚、支架）（1 是；2 否）			
31	流转后是否在土地建设厂房？（1 是；2 否）			
32	流转是否有政府部门在推动？（1 是；2 否）			
33	如果有政府推动，谁在推动？（1 村委会；2 乡农业部门；3 乡土地部门）			
34	你对这次流转是否满意（1 满意；2 一般；3 不满意）			
35	如果不满意，是因为？（1 租金低；2 租金高；3 土地被破坏；4 生产受干扰；5 劳动力没事干；6 养殖受影响；7 其他）			

五、畜禽养殖情况

你家 2015 年 <u>1 有/2 没有</u> 养殖家禽或家畜？（1 有，请分别问每种动物的情况，请在下表中填写；2 没有，请问跳过）

序号	养殖情况	动物编号				
		1	2	3	4	5
1	养殖的动物？（动物名称）					
2	这一动物的数量（只）					
3	2015 年出栏数（销售和宰杀）？（只）					
4	市场价值大概多少元？（元）					
5	自家劳动力投入？（工日）					
6	雇用劳动力的费用？（元）					
7	幼崽费用？（元）					

续表

序号	养殖情况	动物编号				
		1	2	3	4	5
8	饲料费用?（元）					
9	防疫费用?（元）					
10	其他费用?					
11	养殖这一动物的毛收入?（元）					
12	养殖这一动物的纯收入?（元）					
13	是否受过培训（指导）?（1 是；2 否）					
14	培训和指导费用?（元）					
15	产品销售方式?					

注：销售方式——1 市场散卖/2 卖给批发商/3 卖给农业合作社/4 其他。

六、收入与支出情况

1. 你们家___1 是/2 否___有负债？如果有，一共负债_____元，其中私人借贷_____元，每年需要付利息_____元，金融机构（银行和信用社）借贷_____元，每年需要付利息_____元。借债的原因是___1 治病/2 筹集学费/3 发展生产资料/4 修建房屋/5 购买家电家具/6 购买农用机械7 其他:_____。你觉得债务___1 是/2 否___能按时归还。

2. 你家___1 是/2 否___借钱给其他人？如果有，一共是_____元，每年收利息_____元。钱借给了谁？___1 亲戚/2 朋友/3 信用社 4/其他:_____。你觉得钱___1 是/2 否___能按时收回。

3. 你家2015 年的年收入一共_____元，其中种植业收入_____元，养殖业收入_____元，林果业收入_____元，外出务工收入_____元，经营性收入_____元，财产性收入_____元，转移支付收入_____元。你家的收入水平在本村属于___1 很高/2 较高/3 一般/4 较低/5 很低___。

4. 你家2015 年的年支出一共_____元，其中生产资料支出（种子、肥料、农药、农膜、租地费用、牛工等）_____元，资金成本支出（还本、付息等）_____元，生活费用支出（水、电、煤、米、油、肉、蔬菜等）_____元，利息费用支出_____元，子女教育费用支出_____元，医疗费用支出_____元，人情往来支出（红白事礼金）_____元。你家的支出水平在本村属于__1 很高/2 较高/3 一般/4 较低/5 很低__。

七、林地及其经营情况

1. 你们村__1 是/2 否__进行（完成）了集体林权改革？如果进行了林权改革，请问_____年？

2. 在林权改革中，你们家__1 是/2 否__分到林地？如果分到林地，一共是_____亩？林地是__1 荒山荒坡/2 人造林/3 天然林__。分到的林地__1 是/2 否__有林权证？

3. 你认为分到自家的林地的所有权属于__1 自己家/2 村级集体的/3/国家的/4 其他：_____，你认为分到自家的林地的经营权属于__1 自己家/2 村级集体的/3/国家的/4 其他：_____。

4. 你__1 是/2 否__担心别人侵占你的林地权益？你__1 是/2 否__为维护林地权益，修建过__1 界桩/2 界石/3 界沟/4 树木/5 篱笆/6 其他：_____（可多选和补充），花费_____元。

5. 你们家__1 是/2 否__有向外流转的林地？如果有，请问一共流转了_____亩，流转对象是：__1 当地农户/2 林业公司/3/林业合作社/4 私人老板/5 林场__，流转__1 是/2 否__签订书面合同？流转的期限_____年，租金的支付方式是__1 按年支付/2 一次性支付__，按年支付_____元/年，一次性支付一共是_____元。

6. 你们家__1 是/2 否__有流转（或者承包）进来的林地？如果有，请问一共流转（或者承包）了_____亩，流转（或承包）的对象是：1 当地农户/2 村集体/3 集体林场/4 其他：_____，流转__1 是/2 否__签订书面合同？流转（或承包）的期限_____年，租金的支付方式是__1 按年支付/2 一次性支付____，按年支付是_____元/年，一次性支付一共是_____元。

7. 你本人__1 是/2 否__知道林地生态补偿？你们家__1 是/2 否__获得过林地生态补偿？如果获得过，请问 2015 年的补偿标准是_____元/亩？你家 2015 年一共获得了_____元。你觉得这一标准__1 偏低/2 恰好/3 偏高__。你认为林地生态补偿能不能鼓励你保护森林？__1 能鼓励/2 不能鼓励/3 无所谓__。

8. 过去一年你有没有通过以下方式从林地中获得利益？如果有，请填写大致价值。

编号	1	2	3	4	5	6	7
项目	割叶子（草）	砍柴	砍木材	捡蘑菇	采集副产品	发展养殖	
1 有/2 没有							
价值（元）							

9. 过去一年你是否在林地中进行过以下活动？如果有，请填写大致投入价值。

编号	1	2	3	4	5	6
项目	施肥	除虫	防火	种树	种药材	
1 有/2 没有						
价值（元）						

八、家庭收入影响因素调查

1. 家庭劳动力从业情况。（家庭成员 16 岁以上且从事有报酬工作：农业、打工或经营，请填写下表）

成员编号	文化程度	性别	年龄（岁）	职业	行业	工作地点	上月收入（元）	已工作时间（年）	如何找到这份工作
1									
2									
3									
4									

注：a 文化程度选：<u>1 文盲/2 小学/3 初中/4 高中（中专）/5 大专/6 本科及以上</u>；b 性别选项：<u>1 男/2 女</u>；c 行业选项：<u>1 农林牧渔业/2 采矿业/3 制造业/4 电力、燃气及水的生产和制造/5 建筑业/6 交通运输、仓储和邮政/7 信息传输、计算机服务和软件业/8 批发和零售/9 住宿和餐饮/10 金融业/11 房地产业/12 租赁和商务服务/13 科学研究、技术服务和地质勘查/14 水利、环境和公共设施管理/15 居民服务和其他服务/16 教育/17 卫生、社会保障和社会福利/18 文化、体育和娱乐业/19 公共管理和社会组织/20 国际组织</u>；d 工作地点选项：<u>1 镇内/2 镇外县内/3 县外市内/4 市外省内/5 省外</u>；e 如何找到这份工作：<u>1 继承父母 2 自谋 3 亲朋介绍 4 政府介绍 5 网络搜寻 6 其他</u>。

2. 近三年来，同村人或亲戚朋友在种植养殖上 <u>1 是/2 否</u> 有特别赚钱的时候？如果有，请问是种植_____作物，或养殖_____动物？这件事情对你家的种养殖选择 <u>1 是/2 否</u> 有影响？

3. 近三年来，同村人或亲戚朋友在务工上 <u>1 是/2 否</u> 有特别赚钱的时候？如果有，请问是_____行业，年收入大约_____元？这件事情你家的务工工种选择 <u>1 是/2 否</u> 有影响？

4. 近三年来，同村人或亲戚朋友在经营上 <u>1 是/2 否</u> 有特别赚钱的时候？如果有，请问从事_____行业，年收入大约_____元？这件事情对你家的经营选择 <u>1 是/2 否</u> 有影响？

5. 你家一个月取_____次钱，每次来回花_____小时（可有小数）。除了储蓄，你家在银行（或农信社） <u>1 是/2 否</u> 还有别的业务联系，如果有，是_____业务。您家 <u>1 是/2 否</u> 与别的金融机构有业务联系？与_____（机构）有_____业务联系，涉及_____元（额度）。

6. 你对目前的家庭收入 <u>1 是/2 否</u> 满意？如果请您打分，您打_____分（满分 100 分）。您觉得最影响家庭收入的原因是什么？如可多选_____，其中最重要的是_____？（ <u>1 教育程度有限/2 社会关系不够/3 家庭资金不</u>

足/4 个人能力有限/5 身体状况不好/6 不知道如何提高/7 其他：_____。)

7. 村里和乡镇　1 是/2 否/3 不知　鼓励外出务工？近三年是否通过以下途径鼓励农民务工？　1 办技能培训班/2 组织劳务输出/3 其他：_____。村里和乡镇　1 是/2 否/3 不知　鼓励农民创业？近三年是否通过以下途径鼓励创业？1 直接补贴降低成本/2 简化行政程序/3 加大金融支持/4 优化公共服务能力/5 其他：_____。

参考文献

［1］ A. P. 瑟尔沃. 发展经济学 ［J］. 郭熙保，等译. 北京：人民大学出版社，2015：164.

［2］ A. 恰亚诺夫. 农民经济组织 ［M］. 北京：中央编译出版社，1996.

［3］ 巴泽尔. 产权的经济分析 ［M］. 上海：上海人民出版社，1997.

［4］ 白书祥. 农村劳动力流动的特征、规律与农民增收 ［J］. 人口与经济，2006（1）：6，43－47.

［5］ 鲍海君，吴次芳. 论失地农民社会保障体系建设 ［J］. 管理世界，2002（10）：37－42.

［6］ 蔡基宏. 关于农地规模与兼业程度对土地产出率影响争议的一个解答：基于农户模型的讨论 ［J］. 数量经济技术经济研究，2005，22（3）：28－37.

［7］ 陈成文，鲁艳. 城市化进程中农民土地意识的变迁：来自湖南省三个社区的实证研究 ［J］. 农业经济问题，2006（5）：29－33，79.

［8］ 陈春生. 中国农户的演化逻辑与分类 ［J］. 农业经济问题，2007（11）：79－84.

［9］ 陈剑波. 人民公社的产权制度：对排他性受到严格限制的产权体系所进行的制度分析 ［J］. 经济研究，1994（7）：47－53.

［10］ 陈胜祥. 农民土地所有权认知与农地制度创新基于1995—2008年实证研究文献的统计分析 ［J］. 中国土地科学，2009，23（11）：21－26.

［11］陈卫平. 我国玉米全要素生产率增长及其对产出的贡献［J］. 经济问题，2006（2）：40－42.

［12］陈卫平. 中国农业生产率增长、技术进步与效率变化：1990—2003 年［J］. 中国农村观察，2006（1）：18－23，38.

［13］陈锡文. 构建新型农业经营体系刻不容缓［J］. 农村经营管理，2014（1）：6－9.

［14］陈训波. 资源配置、全要素生产率与农业经济增长愿景［J］. 改革，2012（8）：82－90.

［15］陈乙酉，付园元. 农民收入影响因素与对策：一个文献综述［J］. 改革，2014（9）：67－72.

［16］陈英乾. 中国农民收入的地区性差异及对比分析［J］. 农村经济，2004（12）：68－70.

［17］陈志刚，曲福田. 农地产权制度的演变与实证分析：对转型期中国的实证分析［J］. 财经研究，2003，29（6）：25－30.

［18］道格拉斯·C. 诺思. 经济史中的结构与变迁［M］. 陈郁，等译. 上海：上海人民出版社，2003.

［19］蒂莫西·J·科埃利. 效率与生产率分析引论［M］. 中国人民大学出版社，2008.

［20］都阳，朴之水. 迁移与减贫：来自农户调查的经验证据［J］. 中国人口科学，2003，（4）：56－62.

［21］杜润生. 杜润生自述：中国农村体制变革重大决策纪实［M］. 北京：人民出版社，2005.

［22］杜赞奇. 文化、权利与国家：1900—1942 年的华北农村［M］. 王福明，译. 南京：江苏人民出版社，2010.

［23］范垄基. 蔬菜产业发展框架下的农户行为研究［D］. 北京：中国农业大学，2019.

［24］方松海. 劳动负效用与农户生产决策模型的重构：理论框架［J］. 经济科学，2015，30（4）：72－86.

［25］付江涛，纪月清，胡浩．产权保护与农户土地流转合约选择：兼评新
一轮承包地确权颁证对农地流转的影响［J］．江海学刊，2016（3）：
74 - 80，238.

［26］高佳，李世平．产权认知、家庭特征与农户土地承包权退出意愿［J］．
西北农林科技大学学报（社会科学版），2015，15（4）：71 - 78.

［27］耿宁，尚旭东．产权细分、功能让渡与农村土地资本化创新：基于土
地"三权分置"视角［J］．东岳论丛，2018，39（9）：160 - 168，194.

［28］顾海，孟令杰．中国农业 TFP 的增长及其构成［J］．数量经济技术经济
研究，2002（10）：15 - 18.

［29］郭熙保，赵晓雷主编．现代经济学大辞典 - 发展经济学分册［M］．北
京：经济科学出版社，2016.

［30］郭晓鸣．中国农村土地制度改革：需求、困境与发展态势［J］．中国农
村经济，2011（4）：4 - 8.

［31］韩青，谭向勇．农户灌溉技术选择的影响因素分析［J］．中国农村经
济，2004（1）：63 - 69.

［32］韩青，袁学国．参与式灌溉管理对农户用水行为的影响［J］．中国人口·
资源与环境，2011，21（4）：126 - 131.

［33］何秀荣．公司农场：中国农业微观组织的未来选择？［J］．中国农村经
济，2009（11）：4 - 16.

［34］何一鸣，罗必良．产权管制、制度行为与经济绩效：来自中国农业经
济体制转轨的证据（1958～2005 年）［J］．中国农村经济，2010（10）：
4 - 15.

［35］何忠伟，韩啸，余洁，刘芳．我国奶牛养殖户生产技术效率及影响因
素分析——基于奶农微观层面［J］．农业技术经济，2014（9）：46 -
51.

［36］洪名勇，施国庆．农地产权制度与农业经济增长：基于 1949～2004 年
贵州省的实证分析［J］．制度经济学研究，2007（1）：31 - 53.

［37］洪名勇，王珊，吴昭洋．基于空间依赖性视角的农地流转影响因素分

析［J］. 农业现代化研究，2019，40（5）：11.

［38］胡士俊.“三权分置”：农村土地产权制度变迁诱致性与强制性分析
［J］. 农业经济，2018（8）：83-85.

［39］胡新艳，杨晓莹，罗锦涛. 确权与农地流转：理论分歧与研究启示
［J］. 财贸研究，2016（2）：67-74.

［40］黄善林，卢新海，孙丹. 土地因素对农户劳动力乡城永久转移意愿的
影响研究：基于安徽省、湖北省602户农户调查［J］. 中国地质大学学
报：社会科学版，2013，13（3）：134-139.

［41］黄善林. 土地因素对农户劳动力乡城转移的影响研究［D］. 武汉：华
中科技大学，2010.

［42］黄少安，孙圣民，宫明波. 中国土地产权制度对农业经济增长的影响：
对1949—1978年中国大陆农业生产效率的实证分析［J］. 中国社会科
学，2005（4）：38-47.

［43］黄少安，赵建. 土地产权、土地金融与农村经济增长［J］. 江海学刊，
2010（6）：86-93，238-239.

［44］黄少安. 制度经济学研究：总第31辑［M］. 北京：经济科学出版社，
2010.

［45］黄少安. 中国经济体制改革的核心是产权制度改革［J］. 中国经济问
题，2004（1）：46-52.

［46］黄贤金. 论地权歧视［J］. 农业经济问题，1996（7）：16-20.

［47］黄宗智. 长江三角洲小农家庭与乡村发展［M］. 北京：中华书局，2000.

［48］黄宗智. 华北的小农经济与社会变迁［M］. 北京：中华书局，2000.

［49］冀县卿，钱忠好. 农地产权结构变迁与中国农业增长：一个经济解释
［J］. 管理世界，2009（1）：172-173.

［50］冀县卿. 改革开放后中国农地产权结构变迁与制度绩效：理论与实证
分析［D］. 南京：南京农业大学，2010.

［51］贾立. 中国农民收入影响因素的实证分析［J］. 四川大学学报（哲学社
会科学版），2015（6）：138-148.

[52] 江晓敏，郑旭媛，洪燕真，刘伟平. 补贴政策、家庭禀赋特征与林业经营规模效率——以 324 份油茶微观调研数据为例 [J]. 东南学术，2017 (5)：174 - 181.

[53] 经济学消息报社. 诺贝尔经济学奖得主专访录——评说中国经济与经济学发展 [M]. 北京：中国计划出版社，1995.

[54] 孔祥智，孙陶生. 不同类型农户投资行为的比较分析 [J]. 经济经纬，1998 (3)：75 - 79.

[55] 李承政，顾海英，史清华. 农地配置扭曲与流转效率研究——基于 1995—2007 浙江样本的实证 [J]. 经济科学，2015 (3)：42 - 54.

[56] 李丹. 理解农民中国：社会科学哲学的案例研究 [M]. 南京：江苏人民出版社，2008.

[57] 李谷成，冯中朝. 中国农业全要素生产率增长：技术推进抑或效率驱动——一项基于随机前沿生产函数的行业比较研究 [J]. 农业技术经济，2010 (5)：4 - 14.

[58] 李谷成，李烨阳，周晓时. 农业机械化、劳动力转移与农民收入增长——孰因孰果？[J]. 中国农村经济，2018 (11)：112 - 127.

[59] 李丽明. 农村土地流转对农民收入的影响研究 [D]. 郑州：河南农业大学，2015.

[60] 李永友，徐楠. 个体特征，制度性因素与失地农民市民化——基于浙江省富阳等地调查数据的实证考察 [J]. 管理世界，2011 (1)：62 - 70.

[61] 李中. 农村土地流转与农民收入——基于湖南邵阳市跟踪调研数据的研究 [J]. 经济地理，2013，33 (5)：144 - 149.

[62] 廖洪乐. 农户兼业及其对农地承包经营权流转的影响 [J]. 管理世界，2012 (5)：62 - 70.

[63] 林毅夫. 林毅夫："中国奇迹"的经济学解释 [J]. 理论导报，2010 (3)：5.

[64] 林毅夫. 小农与经济理性 [J]. 农村经济与社会，1988 (3)：31 - 33.

［65］林毅夫．制度、技术与中国农业发展［M］.3 版．上海：上海人民出版社，1994.

［66］刘承芳，何雨轩，罗仁福，等．农户认知和农地产权安全性对农地流转的影响［J］.经济经纬，2017（2）：31－36.

［67］刘红梅，王克强．关于我国农地抵押贷款问题的研究［J］.江西农业经济，2000（3）：9－10.

［68］刘俊杰，张龙耀，王梦珺，许玉韫．农村土地产权制度改革对农民收入的影响——来自山东枣庄的初步证据［J］.农业经济问题，2015，36（6）：51－58，111.

［69］刘守英．产权，行为与经济绩效［J］.经济社会体制比较，1992（2）：7.

［70］刘守英．集体地权制度变迁与农业绩效［J］.农业技术经济，2019（1）：4－16.

［71］刘守英．乡村现代化的战略［J］.经济理论与经济管理，2018，37（2）：15－16.

［72］刘守英．中国农地制度的合约结构与产权残缺［J］.中国农村经济，1993（2）：31－36.

［73］刘一明，罗必良，郑燕丽．产权认知、行为能力与农地流转签约行为——基于全国890个农户的抽样调查［J］.华中农业大学学报（社会科学版），2013（5）：23－28.

［74］罗必良．产权强度与农民的土地权益：一个引论［J］.华中农业大学学报（社会科学版），2013（5）：1－6.

［75］罗纳德·H．科斯，等．财产权利与制度变迁——产权学派与新制度学派译文集［M］.上海：上海人民出版社，2014.

［76］罗伊·普罗斯特曼，蒂姆·汉斯达德，李平．关于中国农村土地制度改革的若干建议［J］.中国改革，1995（8）：56－58.

［77］马克思恩格斯文集：第5卷［M］.北京：人民出版社，2009.

［78］马忠东，张为民，梁在，崔红艳．劳动力流动：中国农村收入增长的新因素［J］.人口研究，2004（3）：2－10.

［79］茆晓颖，成涛林．财政支农支出结构与农民收入的实证分析——基于全口径财政支农支出 2010 - 2012 年江苏省 13 个市面板数据［J］财政研究，2014（2）：68 - 71.

［80］梅继霞，李伟．我国私营企业治理制度创新研究［J］．中南财经政法大学学报，2005（6）：5.

［81］农业部农村经济体制与经营管理司课题组，张红宇．农业供给侧结构性改革背景下的新农人发展调查［J］．中国农村经济，2016（4）：2 - 11.

［82］潘俊．新型农地产权权能构造——基于农村土地所有权、承包权和经营权的权利体系［J］．求实，2015（3）：88 - 96.

［83］裴小林．集体土地制：中国乡村工业发展和渐进转轨的根源［J］．经济研究，1999（6）：45 - 50.

［84］彭长生．农民宅基地产权认知状况对其宅基地退出意愿的影响——基于安徽省 6 个县 1413 户农户问卷调查的实证分析［J］．中国农村观察，2013（1）：23 - 35，92 - 93.

［85］彭军，乔慧，郑风田．"一家两制"农业生产行为的农户模型分析——基于健康和收入的视角［J］．当代经济科学，2015（6）：78 - 91.

［86］钱忠好，肖屹，曲福田．农民土地产权认知、土地征用意愿与征地制度改革——基于江西省鹰潭市的实证研究［J］．中国农村经济，2007（1）：28 - 35.

［87］钱忠好．农村土地承包经营权产权残缺与市场流转困境：理论与政策分析［J］．管理世界，2002（6）：35 - 45，154 - 155.

［88］钱忠好．农村土地制度变革农户心态的实证分析及其政策启示——对江苏无锡、泰兴、连云港三市（县）部分农户有关土地制度问题的问卷调查［J］．中国农村经济，1997（4）：66 - 70.

［89］乔榛，焦方义，李楠．中国农村经济制度变迁与农业增长——对 1978—2004 年中国农业增长的实证分析［J］．经济研究，2006（7）：73 - 82.

［90］仇童伟，石晓平，马贤磊．农地流转经历、产权安全认知对农地流转

市场潜在需求的影响研究——以江西省丘陵地区为例 [J]. 资源科学，2015，37（4）.

[91] 曲福田，田光明. 城乡统筹与农村集体土地产权制度改革 [J]. 管理世界，2011（6）：42–54，195.

[92] 阮建青. 中国农村土地制度的困境、实践与改革思路——"土地制度与发展"国际研讨会综述 [J]. 中国农村经济，2011（7）：92–96.

[93] 沈倩岭，王小月. 农业信贷、农村劳动力转移与农民工资收入 [J]. 农村经济，2018（5）：63–68.

[94] 盛济川，施国庆，梁爽. 农地产权制度对农业经济增长的贡献 [J]. 经济学动态，2010（8）：86–90.

[95] 石慧，吴方卫. 中国农业生产率地区差异的影响因素研究：基于空间计量的分析 [J]. 世界经济文汇，2011（3）：59–73.

[96] 斯拉法. 用商品生产商品 [M]. 巫三宝，译. 北京：商务印书馆，1979.

[97] 速水佑次，刘守英，詹小洪. 社区，市场与国家 [J]. 经济研究，1989，29（2）：57–62.

[98] 速水佑次郎，神门善久. 发展经济学：从贫困到富裕 [M]. 李周，译. 北京：社会科学文献出版社，2009.

[99] 谭昶，吴海涛. 新型城镇化、空间溢出与农民收入增长 [J]. 经济问题探索，2019（4）：67–76.

[100] 谭凤连，彭宇文. 城镇化、经济增长、农民收入相关性分析 [J]. 湖南农业大学学报（社会科学版），2018，19（5）：94–100.

[101] 田传浩，贾生华. 农地制度、地权稳定性与农地使用权市场发育：理论与来自苏浙鲁的经验 [J]. 经济研究，2004（1）：112–119.

[102] 涂艳芳. 我国农业信贷对农民收入增长影响的实证研究 [D]. 南昌：江西财经大学，2014.

[103] 王琛. 中国粮食生产率增长与技术选择研究 [D]. 北京：中国农业科学院，2015.

[104] 王春超. 中国农户就业决策行为的发生机制：基于农户家庭调查的理

论与实证 [J]. 管理世界, 2009 (7): 93 – 102.

[105] 王珏, 范静. 土地经营权流转对农户收入增长及其地区异质性影响研究: 基于全国8个省份2037个农户家庭的调查 [J]. 农村经济, 2018 (4): 35 – 41.

[106] 王珏, 宋文飞, 韩先锋. 中国区域技术效率的空间收敛性分析: 1994 – 2008 [J]. 产经评论, 2010 (5): 64 – 70.

[107] 王珊. 农地流转中的政府作用与农户收入: 基于贵州省608户农户调查的实证分析 [J]. 中国土地科学, 2019 (3).

[108] 王世联. 农村征地收益分配与失地农民社会保障问题研究综述 [J]. 经济纵横, 2008, 271 (6): 123 – 125.

[109] 王秀清, 苏旭霞. 农用地细碎化对农业生产的影响: 以山东省莱西市为例 [J]. 农业技术经济, 2002 (2): 2 – 7.

[110] 魏鲁彬. 农村土地所有权共享的理论逻辑: 从"两权分离"到"三权分置"[J]. 财经科学, 2018 (4): 39 – 53.

[111] 温忠麟, 叶宝娟. 中介效应分析: 方法和模型发展 [J]. 心理科学进展, 2014, 22 (5): 731 – 745.

[112] 吴愈晓. 劳动力市场分割、职业流动与城市劳动者经济地位获得的二元路径模式 [J]. 中国社会科学, 2011 (1): 119 – 137.

[113] 伍骏骞, 阮建青, 徐广彤. 经济集聚、经济距离与农民增收: 直接影响与空间溢出效应 [J]. 经济学 (季刊), 2017, 16 (1): 297 – 320.

[114] 西奥多·W. 舒尔茨. 改造传统农业 [M]. 2版. 梁小民, 译. 北京: 商务印书馆, 2006.

[115] 肖卫东, 梁春梅. 农村土地"三权分置"的内涵、基本要义及权利关系 [J]. 中国农村经济, 2016 (11): 17 – 29.

[116] 肖屹, 钱忠好, 曲福田. 农民土地产权认知与征地制度改革研究: 基于江苏、江西两省401户农民的调查研究 [J]. 经济体制改革, 2009 (1): 81 – 86.

[117] 肖屹, 曲福田, 钱忠好, 等. 土地征用中农民土地权益受损程度研

究：以江苏省为例［J］. 农业经济问题，2008，29（3）：77 - 83.

[118] 辛良杰. 低成本技术有效地降低了阿拉伯联合酋长国污水厂的异味［J］. 人类居住，2009（3）：27.

[119] 徐勇. "再识农户" 与社会化小农的建构［J］. 华中师范大学学报（人文社会科学版），2006（3）：2 - 8.

[120] 徐玉婷. 不同类型农户农地投入的影响因素［J］. 中国人口·资源与环境，2011，21（3）：106 - 112.

[121] 晏志谦，李建强，曾文俊. 宅基地退出意愿分析及其政策启示：以成都市双流区为例［J］. 农村经济，2017（6）：28 - 34.

[122] 杨达. 中国乡村的一个分析界面：农民家庭收入结构——兼谈促进农民家庭增收的政策调控手段［J］江西社会科学，2011（3）：65 - 72.

[123] 杨继国，黄文义. "产权" 新论：基于 "马克思定理" 的分析［J］. 当代经济研究，2017（12）：5 - 14，97.

[124] 杨小凯. 专业化与经济组织：一种新兴古典微观经济学框架［M］. 北京：经济科学出版社，1999.

[125] 杨子，马贤磊，诸培新，马东. 土地流转与农民收入变化研究［J］. 中国人口·资源与环境，2017，27（5）：111 - 120.

[126] 姚洋. 集体决策下的诱导性制度变迁：中国农村地权稳定性演化的实证分析［J］. 中国农村观察，2000（2）：11 - 19.

[127] 姚洋. 农地制度与农业绩效的实证研究［J］. 中国农村观察，1998（6）：1 - 10.

[128] 姚洋. 土地、制度和农业发展［M］. 北京：北京大学出版社，2004.

[129] 姚洋. 中国农地制度：一个分析框架［J］. 中国社会科学，2000（2）：54 - 65.

[130] 叶剑平，丰雷，蒋妍，等. 2008 年中国农村土地使用权调查研究：17省份调查结果及政策建议［J］. 管理世界，2010（5）：46 - 57.

[131] 叶剑平，蒋妍，丰雷. 中国农村土地流转市场的调查研究：基于2005 年 17 省调查的分析和建议［J］. 中国农村观察，2006（4）：

48 – 55.

[132] 叶剑平，蒋妍，罗伊·普罗斯特曼，等 . 2005 年中国农村土地使用权调查研究：17 省调查结果及政策建议 ［J］. 管理世界，2006（7）：77 – 84.

[133] 叶剑平 . 城乡统筹发展与土地利用 ［C］//首届城乡土地管理制度改革滨海新区高层论坛，2008.

[134] 叶兴庆 . 准确把握赋予农民更多财产权利的政策含义与实现路径 ［J］. 农村经济，2014（2）：3 – 6.

[135] 余航，周泽宇，吴比 . 城乡差距、农业生产率演进与农业补贴：基于新结构经济学视角的分析 ［J］. 中国农村经济，2019（10）：40 – 59.

[136] 袁航，段鹏飞，刘景景 . 关于农业效率对农户农地流转行为影响争议的一个解答：基于农户模型（AHM）与 CFPS 数据的分析 ［J］. 农业技术经济，2018（10）：4 – 16.

[137] 曾福生 . 农地产权认知状况与流转行为牵扯：湘省 398 户农户样本 ［J］. 改革，2012（4）：69 – 73.

[138] 翟黎明，夏显力，吴爱娣 . 政府不同介入场景下农地流转对农户生计资本的影响：基于 PSM-DID 的计量分析 ［J］. 中国农村经济，2017（2）：4 – 17.

[139] 张东辉，任德晨 . 农民非农收入的影响因素分析及其不平等的分解：1989—2006 ［J］福建论坛（人文社会科学版），2012（2）：4 – 11.

[140] 张红宇：我国农业生产关系变化的新趋势 ［N］. 人民日报，2014 – 01 – 14（7）.

[141] 张建，冯淑怡，诸培新 . 政府干预农地流转市场会加剧农村内部收入差距吗？：基于江苏省四个县的调研 ［J］. 公共管理学报，2017，14（1）：104 – 116.

[142] 张宽，邓鑫，沈倩岭，等 . 农业技术进步、农村劳动力转移与农民收入：基于农业劳动生产率的分组 PVAR 模型分析 ［J］. 农业技术经济，2017（6）：28 – 41.

[143] 张力，郑志峰. 推进农村土地承包权与经营权再分离的法制构造研究 [J]. 农业经济问题，2015（1）：79 – 92.

[144] 张瑞红. 当前我国农民收入现状与增收对策分析 [J]. 江苏农业科学，2010（4）：471 – 473.

[145] 张艳芳，史亚军，黄映辉. 北京市农民农业收入影响因素计量分析 [J] 中国农学通报，2012，28（17）：237 – 241.

[146] 张治霆，朱烈夫，胡可嘉，等. 农户模型中生产专业化的动态分析 [J]. 中国农学通报，2017，33（12）：153 – 158.

[147] 郑宏运，李谷成，周晓时. 要素错配与中国农业产出损失 [J]. 南京农业大学学报（社会科学版），2019，19（5）：143 – 153，159.

[148] 中国农村劳动力流动课题组. 农村劳动力外出就业决策的多因素分析模型 [J]. 社会学研究，1997（1）：27 – 34.

[149] 钟甫宁，纪月清. 土地产权、非农就业机会与农户农业生产投资 [J]. 经济研究，2009（12）：43 – 51.

[150] 钟甫宁. 粮食储备和价格控制能否稳定粮食市场?：世界粮食危机的若干启示 [J]. 南京农业大学学报（社会科学版），2011，11（2）：20 – 26.

[151] 周立群，张红星. 从农地到市地：地租性质、来源及演变——城市地租的性质与定价的政治经济学思考 [J]. 经济学家，2010（12）：79 – 87.

[152] 周其仁. 农地产权与征地制度：中国城市化面临的重大选择 [J]. 经济学，2004，4（1）：193 – 210.

[153] 周其仁. 中国农村改革：国家和所有权关系的变化（上）：一个经济制度变迁史的回顾 [J]. 管理世界，1995（3）：184 – 195，225 – 226.

[154] 朱帆，余成群，曾嵘，等. 西藏"一江两河"地区农户生产效率分析及改进方案：基于三阶段 DEA 模型和农户微观数据 [J]. 经济地理，2011，31（7）：1178 – 1184.

[155] 朱民，尉安宁，刘守英. 家庭责任制下的土地制度和土地投资 [J]. 经济研究，1997（10）：62 – 69.

[156] 朱喜，史清华，盖庆恩. 要素配置扭曲与农业全要素生产率 [J]. 经济研究，2011，46 (5)：86 - 98.

[157] 诸培新，张建，张志林. 农地流转对农户收入影响研究——对政府主导与农户主导型农地流转的比较分析 [J]. 中国土地科学，2015 (11)：70 - 77.

[158] Ajzen I. From Intentions to Actions: A Theory of Planned Behavior [J]. Advances in Experimental Social Psychology, 1987, 20 (8): 1 - 63.

[159] Akram Q F. Multiple Unemployment Equilibria and Asymmetric Dynamics——Norwegian Evidence [J]. Structural Change & Economic Dynamics, 2005, 16 (2): 263 - 283.

[160] Alchian A A, et al. The Property Right Paradigm [J]. Journal of Economic History, 1973.

[161] Amir R. Cournot Oligopoly and the Theory of Supermodular Games [J]. Games & Economic Behavior, 1996, 15 (2): 132 - 148.

[162] Apps P F, Rees R. Collectivelabor Supply and Household Production [J]. Journal of Political Economy, 1997, 105 (1): 178 - 190.

[163] Apps P F, Rees R. Labour Supply, Household Production and Intra-Family Welfare Distribution [J]. Warwick Economics Research Paper, 1993, 60 (2): 199 - 219.

[164] Balint B, Wobst P. Institutional Factors and Market Participation by Individual Farmers: The Case of Romania [J]. Post-Communist Economies, 2006, 18 (1): 101 - 121.

[165] Barro R J. Intertemporal Substitution and the Business Cycle [J]. Social Science Electronic Publishing, 2004, 14 (1): 237 - 268.

[166] Becker G. S. A Theory of the Allocation of Time [J]. Economic Journal, 1965, 75 (299): 493 - 517.

[167] Behrman J R, Lewis J D, Lofti S. The Impact of Commodity Price Instability: Experiments with a General Equilibrium Model for Indonesia [M].

Economics in Theory and Practice: An Eclectic Approach, 1989.

[168] Besley T. Property Rights and Investment Incentives: Theory and Evidence from Ghana [J]. Journal of Political Economy, 1995, 103 (5): 903 – 937.

[169] Bruno M. Equality, Complementarity and the Incidence of Public Expenditures [J]. Journal of Public Economics, 1976, 6 (4): 395 – 407.

[170] Chambers R G, Fare R, Grosskopf S. Efficiency, Quantity Indexes, and Productivity Indexes: A Synthesis [J]. Bulletin of Economic Research, 1994, 46 (1): 1 – 21.

[171] Cheung S N S. The structure of a Contract and the Theory of a Non-Exclusive Resources [J]. The Journal of Law and Economics, 1970, 13 (1): 49 – 70.

[172] Chiappori P A. Introducing Household Production in Collective Models of Labor Supply [J]. Journal of Political Economy, 1997, 105 (1): 191 – 209.

[173] Chiappori P A. Nash-Bargained Household Decisions: A Rejoinder [J]. International Economic Review, 1991, 32 (3): 761 – 762.

[174] Chiappori P A. Rational Household Labor Supply [J]. Econometrica, 1988, 56 (1): 63 – 90.

[175] Chiappori P A, Salanie B. Testing Contract Theory: A Survey of Some Recent Work [J]. Cesifo Working Paper, 2003 (6).

[176] Chiappori P A. Tarification Des Moyens De Paiement: Un Point De vue Théorique [J]. Revue Déconomie Financière, 1995, 35 (35): 83 – 97.

[177] Coelli T J, Rao D S P. Total Factor Productivity Growth in Agriculture: A Malmquist Index Analysis of 93 Countries, 1980 – 2000 [J]. Agricultural Economics, 2005, 32 (1): 115 – 134.

[178] Devereux M B, Love D R F. The Effects of Factor Taxation in a Two-Sector Model of Endogenous Growth [J]. The Canadian Journal of Economics,

1994, 27 (3): 509 −536.

[179] Djurdjevac V. Eirik G. Furubotn, Svetozar Pejovich, The Economies of Property Rights [J]. Revue d'Etudes Comparatives Est-Ouest, 1978, 9 (1): 223 −226.

[180] Donni O. Labor Supply, Home Production, and Welfare Comparisons [J]. Journal of Public Economics, 2005, 92 (7): 1720 −1737.

[181] Dorner P. Land Reform and Economic Development [M]. International Arts and Sciences Press, 1972.

[182] Dwayne B. Household Composition, Labor Markets, and Labor Demand: Testing for Separation in Agricultural Household Models [J]. Econometrica, 1992, 60 (2): 287.

[183] FaRe R, Grosskopf S, Zhang N Z. Productivity Growth, Technical Progress, and Efficiency Change in Industrialized Countries [J]. American Economic Review, 1994, 84 (1): 66 −83.

[184] Feder G. Land Policies and Farm Productivity in Thailand [M]. Johns Hopkins University Press, 1988.

[185] Fitzgerald E V K. The Problem of Balance in the Peripheral Socialist Economy [J]. World Development, 1985 (1): 5 −14.

[186] Fong Y F, Zhang J. The Identification of Unobservable Independent and Spousal Leisure [J]. Journal of Political Economy, 2001, 109 (1): 191 −202.

[187] Fortin B, Lacroix G. Labour Supply, Tax Evasion and the Marginal Cost of Public Funds an Empirical Investigation [J]. Cahiers De Recherche, 1991, 55 (3): 407 −431.

[188] Ghose A K. Agrarfan Reform in Contemporary Developing Countries [M]. London: Croom Helm, 1983.

[189] Gile J. Rural-Urban Migration in China [J]. Asian Economic Journal, 2002, 16 (3): 263.

[190] Gómez-Limón J A, Riesgo L. Water Pricing: Analysis of Differential Impacts on Heterogeneous Farmers [J]. Water Resources Research, 2004, 40 (7): 308 –322.

[191] Iqbal M. Substitution of Labour, Capital and Energy in the Manufacturing Sector of Pakistan [J]. Empirical Economics, 1986, 11 (2): 81 –95.

[192] Janvry A D, Fafchamps M, Sadoulet E. Peasant Household Behaviour with Missing Markets: Some Paradoxes Explained [J]. Economic Journal, 1991, 101 (409): 1400 –1417.

[193] Johnson D G, Karl-Eugen W. Agrarian Policies in Communist Europe: A Critical Introduction [M]. Totowa N. J.: Allanheld, Osmun, 2015.

[194] Johnson D G. Provincial Migration in China in the 1990s [J]. China Economic Review, 2003, 14 (1): 22 –31.

[195] Johnson D G. The Functional Distribution of Income in the United States, 1850 – 1952 [J]. Review of Economics and Statistics, 1954, 34 (2): 175 –182.

[196] Judd K L, Maliar L, Maliar S. Numerically Stable and Accurate Stochastic Simulation Approaches for Solving Dynamic Economic Models [J]. Quantitative Economics, 2011, 2 (2): 173 –210.

[197] Kanbur R, Haddad L. Are Better off Households more Unequal or Less Unequal? [J]. Oxford Economic Papers, 1994, 46 (3): 445 –458.

[198] Kan I, Kimhi A, Lerman Z. Farm Output, Non-Farm Income and commercialization in Rural Georgia [J]. Agricultural and Development Economic, 2006, 3: 276 –286.

[199] Kevane M. Agrarian Structure and Agricultural Practice: Typology and Application to Western Sudan [J]. American Journal of Agricultural Economics, 1996, 78 (1): 236 –245.

[200] Kornai J. The Economics of Transition: From Socialist Economy to Market Economy [J]. Economics of Planning, 1996, 29 (3): 229 –231.

[201] Kung J K. Common Property Rights and Land Reallocation in Rural China: Evidence from a Village Survey [J]. World Development, 2000, 28: 701 - 719.

[202] Kung J K. Equal Entitlement Versus Tenure Security under a Regime of Collective Property Rights: Peasants' Performance for Institutions in Post-Reform Chinese Agriculture [J]. Journal of Comparative Economics, 1995, 21: 82 - 111.

[203] Lardy N R. Agriculture in China's Modern Economic Development [M]. Cambridge University Press, 2008.

[204] Lerman Z. Policies and Institutions for Commercialization of Subsistence Farms in Transition Countries [J]. Asian Economics, 2004, 15 (3): 461 - 479.

[205] Lipton M. Towards a Theory of Land Reform [J]. Agrarian Reform & Agrarian Reformism Studies of Peru, Chile, China & India. D. Lehmann, ed, 1974.

[206] Mathijs E, Noev N. Subsistence Faring in Central and Eastern European: Empirical Evidence from Albania, Bulgaria, Hungary, and Romania [J]. Eastern European Economics, 2004, 42 (6): 72 - 78.

[207] McMillan J, Zhu L. The Impact of China's Economic Reform on Agricultural Productivity Growth [J]. Journal of Political Economy, 1989, 97 (4): 781 - 807.

[208] Newell B. et al. Farm Size and the Intensity of Land Use in Gujarat [R]. Oxford Economic Papers, 1997 (49): 307 - 315.

[209] Ngai L R, Pissarides C A. Structural Change in a Multisector Model of Growth [J]. American Economic Review, 2007, 97 (1): 429 - 443.

[210] Pan A Y, Lau L J. On Modeling the Agricultural Sector in Developing Economies: An Integrated Approach of Micro and Macroeconomics [J]. Journal of Development Economics, 1974, 1 (2): 105 - 127.

[211] Pejovich S, Marx K. Property Rights School and the Process of Social Change [M]//Wood J C. Karl Marx's Economics: Critical Assessments. London: Croom Helm Ltd, 1988.

[212] Perry E J, Scott J C. The Moral Economy of the Peasant: Rebellion and Subsistence in Southeast Asia [J]. The American Political Science Review, 1979, 73 (2): 657.

[213] Pitt M M, Rosenzweig M R. Health and Nutrient Consumption Across and Within Farm Households [J]. Review of Economics & Statistics, 1985, 67 (2): 212 – 223.

[214] Popkin S L. The Rational Peasant: The Political Economy of Rural Society in Vietnam [M]. University of California Press, 1979.

[215] Radchenko N. Welfare Sharing Within Households: Identification from Subjective Well-Being Data and the Collective Model of Labor Supply [J]. Journal of Family & Economic Issues, 2016, 37 (2): 254 – 271.

[216] Rubin D B. Estimating Causal Effects of Treatments in Randomized and Nonrandomized Studies [J]. Journal of Educational Psychology, 1974, 66 (5): 688 – 701.

[217] Saith A. The Agrarian Question in Socialist Transitions [M]. London: Cass, 1985.

[218] Sawit M H, O'Brien D. Farm Household Responses to Government Policies: Evidence from West Java [J]. Bulletin of Indonesian Economic Studies, 1995, 31 (2): 41 – 59.

[219] Schultz T W. Transforming Traditional Agriculture [M]. New Haven: Yale University Press, 1964.

[220] Singh I, Squire L, Strauss J. A Survey of Agricultural Household Models: Recent Findings and Policy Implications [J]. The World Bank Economic Review, 1986, 1 (1): 149 – 179.

[221] Solano C, León H, Pérez E, et al. Characterising Objective Profiles of Cos-

ta Rican Dairy Farmers [J]. Agricultural Systems, 2001, 67 (3): 153 – 179.

[222] Stiglitz J E. Factor Price Equalization in a Dynamic Economy [J]. Journal of Political Economy, 1970, 78 (3): 456 –488.

[223] Uzawa H. On a Two-Sector Model of Economic Growth [J]. Review of Economic Studies, 1961, 29 (1): 40 –47.

[224] Vermeulen F, Bargain O, Beblo M, et al. Collective Models of Labor Supply with Nonconvex Budget Sets and Nonparticipation: A Calibration Approach [J]. Review of Economics of the Household, 2006, 4 (2): 113 – 127.

[225] Wopereis M C, et al. Mineral Fertilizer Management of Maize on Farmer Fields Differing in Organic Inputs in the West African Savanna [J]. Field Crops Research, 2006, 2 –3 (96): 355 –362.